Erich Fromm

Worte wie Wege

Erich Fromm

Worte wie Wege

Herausgegeben
und eingeleitet von
Rainer Funk

Herder
Freiburg · Basel · Wien

Umschlagbild:
Ölgemälde »Abend im Moor« (Ausschnitt)
von Fritz Overbeck.
Stiftung Fritz und Hermine Overbeck,
Alte Hafenstraße 30. Bremen-Vegesack.

Porträt auf der Umschlagrückseite:
Foto by Liss Goldring, New York

Herstellung: Clausen & Bosse, Leck 1992
ISBN 3-451-21053-3

Inhalt

Einleitung

Wege sind dazu da, gegangen zu werden. Worte, die wie Wege sind, gilt es zu praktizieren, soll ihr Sinn sich einem erschließen.

Daß Worte, die Sinn erschließen, mit Wegen verglichen werden, ist nicht selbstverständlich. Zu sehr sind wir es gewohnt, daß sinngebende Worte von jemandem gegeben wurden. Dieser Geber bürgt dann auch dafür, daß die Worte sinngebend sind. Und nur zu oft erhält dann der Geber mehr Aufmerksamkeit als die von ihm mitgeteilten sinngebenden Worte.

Erich Fromm entstammt einer jüdischen Tradition, für die die »Halacha«, der Weg, im Mittelpunkt des religiösen Interesses stand. Er wandte sich von der Religion seiner Väter ab, doch er blieb immer auf der Suche nach Worten, die nicht nur wegweisend, sondern selbst zu gehende Wege sind. Er fand solche Worte zuerst und vor allem in der psychoanalytischen Beschäftigung mit dem Menschen.

Die Skepsis der Psychoanalyse gegen alle Worte, die keinen unmittelbaren Bezug zur eigenen Lebenspraxis haben, sondern im Gegenteil dazu dienen, sich von den entscheidenden Fragen, Bedürfnissen, Wünschen, Widersprüchen und Konflikten fernzuhalten, zielt darauf ab, den Kontakt zwischen Kopf, Herz und Hand, zwischen Geist, Seele und Körper, zwischen Absicht und Tat, zwischen Bewußtem und Unbewußtem, zwischen gesprochenen Worten und zu gehenden Wegen wiederherzustellen, flüssig zu machen, neu zu beleben.

Die Hinwendung zum Menschen in der psychotherapeutischen Praxis und in seinen eigenständigen sozialpsychologischen Theorien verstärkte Fromms Glauben an den Menschen und die Möglichkeit eines erfüllten, sinnvollen, geglückten Lebens im Rahmen des Menschen-Möglichen. Voraussetzung für einen solchen humanistischen Glauben ist allerdings immer eine Lebensweise, bei der der einzelne selbst erlebt, wovon der spricht und deshalb seine Worte auch seine von ihm gegangenen und praktizierten Wege sind.

Hätte Fromm mit seiner humanistischen Sicht des Menschen nicht selbst in so radikaler Weise ernst gemacht, könnten seine Worte nicht wie Wege sein. Anders als andere Psychoanalytiker war Fromm zutiefst davon überzeugt, daß das Gewahrwerden der eigenen unbewußten Gefühle, Gedanken, Phantasien, Wünsche einen nicht nur befähigt, sich ganzheitlicher und freier wahrzunehmen, sondern auch eine Beziehung zur Welt und zum anderen ermöglicht, bei der der andere einem selbst trotz seines Anderseins nicht mehr fremd ist. Des Unbewußten in mir oder im anderen gewahr zu werden, ermöglicht ein erfülltes und wirklichkeitsbezogenes Leben in Vernunft und Liebe, bei dem in überwältigender Weise erlebbar wird, daß der einzige Sinn des Lebens im Vollzug des ganzheitlichen Lebens selbst liegt.

Wie kaum ein anderer in diesem Jahrhundert, hat Fromm mit seiner »Wissenschaft vom Menschen« die Botschaften der religiösen Traditionen des Wegs, der Halacha, des Tao, der ethischen Tugendlehren, des buddhistischen achtfachen Wegs, der Nachfolge Jesu nahegebracht und in Worte gefaßt. Inwieweit seine Worte wie Wege sein können, hängt freilich davon ab, ob der Leser fähig ist, Worte als Wege zu begreifen.

Worte versuchen Wegerfahrungen beschreibbar zu machen. Sie dürfen aber die selbst zu machenden Wegerfahrungen nicht ersetzen wollen. Worte eignen sich auch zum Streiten und Disputieren, Abgrenzen und Dogmatisieren, Verurteilen und Selbstbehaupten. Gegen diesen entfremdenden Gebrauch religiöser Wegbeschreibungen vermögen die etablierten Religionen, Kirchen und Theologien sich kaum zu wehren. Sie erliegen dieser Gefahr der Entfremdung, wenn sie an die Stelle der religiösen Selbsterfahrung die Wegbeschreibungen zur Gotteserfahrung treten lassen.

Fromm wird nicht müde zu zeigen, wie schwierig es für den Menschen von heute geworden ist, Worte als Wege zu erleben. Das einzige, was uns interessiert, ist das »Know how«, die Perfektion des Verstands, des Intellekts, der Intelligenz, der instrumentellen Vernunft; es geht um das Machen und Herstellen, um die rationelle Produktion, um das Wissen, wie etwas funktioniert; um das, was der Mensch braucht, und was er tun muß, um ein Ziel zu erreichen. Welches Ziel er anstrebt und warum ein Ziel erstrebenswert ist, wohin wir gehen und welchen Sinn wir suchen, um welche Art von Erleben wir uns bemühen – all dies sind Fragen, die »uninteressant« sind, weil sie nicht rezepthaft angewandt und konsumiert werden können. Antworten auf die Fragen nach Sinn, Ziel, Orientierung und Worumwillen sind in Wirklichkeit »Worte wie Wege«, für die man sich entscheiden muß und deren Wahrheit man nur im Gehen des Wegs um eines bestimmten Zieles willen erfährt.

Fromms Worte sind wie Wege, die beschritten statt bestritten, praktiziert statt meditiert, probiert statt diskutiert werden. Nur dann sind sie Wege, und nicht nur Worte. Sie sind Wege zur Erfahrung des eigenen, auf Entfaltung drängenden Menschseins in Fülle.

Die vorliegende Zusammenstellung der Worte Fromms zeichnet den Weg und die Erfahrungen nach, die jene machen, die ihre eigenen Kräfte der Vernunft und Liebe zu praktizieren versuchen. Sie spiegeln den religiösen Konversionsprozeß in humanwissenschaftlichen Kategorien und als humanistische Erfahrung der Zielgestalt des Menschen-Möglichen. Sie reichen von der Wahrnehmung der gegenwärtigen Leidenswege des Menschen über das Gewahrwerden unserer Entfremdung und unserer knechtenden Leidenschaften über die Widerstände gegen die Entdeckung und Ent-Fesselung unserer ureigensten Kräfte bis hin zu den versöhnenden Erfahrungen liebender Bezogenheit, vernünftiger Wirklichkeitswahrnehmung und kreativen Tätigseins.

Rainer Funk

I

Falsche Wege

Wir fahren anscheinend »nirgendwohin«

Wir sind wie ein Mensch, der Auto fährt und die schwache Ahnung hat, daß er den Weg verloren hat…
Wir fahren anscheinend »nirgendwohin« mit immer schnellerer Geschwindigkeit.

Ethik und Politik, 29

Orientierungslosigkeit

Wir sind wie ein Mensch, der Auto fährt und die schwache Ahnung hat, daß er den Weg verloren hat. Statt nun anzuhalten und seine Situation zu orten, um herauszufinden, ob die eingeschlagene Richtung stimmt, fährt er nur noch schneller und jagt seinen Motor hoch, um noch höhere Geschwindigkeiten aus ihm herauszuholen. Wir fahren anscheinend »nirgendwohin« mit immer schnellerer Geschwindigkeit. Dieses »Nirgendwohin« kann in Wirklichkeit die Selbstzerstörung der menschlichen Rasse bedeuten. Wir erfinden immer wirksamere Waffen, um zu zerstören, und nehmen nicht wahr, daß wir den Weg unserer eigenen »Auslöschung« eingeschlagen haben. *Ethik und Politik*, 29

Die meisten Menschen geben vor und glauben selbst daran, daß sie glücklich sind, denn wenn man unglücklich ist, ist man ein Mißerfolg. Man muß deshalb die Maske des Zufriedenseins, des Glücklichseins tragen, sonst verliert man den Kredit auf dem Markt, ist man kein normaler Mensch, ist man nicht tüchtig. Doch man muß sich die Menschen nur anschauen, was hinter der Maske zum Vorschein kommt: Unruhe, Gereiztheit, Ärger, Depressionen, Schlaflosigkeit, Unglücklichsein – das, was die Franzosen die »Malaise« genannt haben. *Interview Lodemann 1977*

Es gilt, unser Augenmerk auf die Tatsache zu lenken, daß uns die Frage nach Mitteln und Wegen mehr beschäftig als die nach dem Sinn. Wir fragen uns nicht, wohin wir gehen, solange wir nicht den Weg gefunden haben, wie wir »dorthin« gelangen. *Ethik und Politik, 29*

Wir haben keinen Kontakt mehr zur Wirklichkeit außer über die vom Menschen hergestellte Realität des Geschäftemachens und der Organisation von Dingen, die wir manipulieren können. Wir stehen nur noch mit Artefakten und mit gesellschaftlicher Routine im Kontakt. Wir beziehen uns nur noch auf das, was noch mehr Dinge hervorbringt, doch wir sind nicht mehr mit den grundlegenden Realitäten der menschlichen Existenz in Berührung. Wir haben keine Verbindung mehr zu unseren Gefühlen, mit dem, was wir wirklich fühlen: mit unseren Glücksgefühlen, Unglücksgefühlen, unserer Angst, unserem Zweifel und all dem, was im Menschen vor sich geht. Wir haben den Kontakt zu unseren Mitmenschen und zur Natur verloren und stehen nur noch mit jenem kleinen Ausschnitt der Welt in Verbindung, den wir selbst hervorbrachten. In Wirklichkeit ängstigen wir uns sehr, etwas Tiefgreifendes zu berühren. *Pathologie der Normalität, 71 f*

Die Industriegesellschaft erzeugt viele nutzvolle Dinge und im gleichen Ausmaß viele nutzlose Menschen. Der Mensch ist nur noch ein Zahnrad in der Produktionsmaschinerie; er wird zu einem Ding und hört auf, ein Mensch zu sein. Er verbringt seine Zeit mit Dingen, für die er sich nicht interessiert, und mit Menschen, an denen er kein Interesse hat. Er produziert Dinge, für die er sich nicht interessiert; und wenn er nicht produziert, dann konsumiert er. Er ist der ewige Säugling. Sein Mund steht ständig offen. Teilnahmslos, ohne Anstrengung und ohne innere Aktivierung nimmt er alles auf, was ihm die Industrie aufdrängt, um Langeweile zu vermeiden und sie zugleich hervorzubringen: Zigaretten, Schnaps, Filme, Fernsehen, Sport, Lektüre und Sex – kurzum alles, was sich jeder ohne viel Aufwand an Leidenschaft leisten kann.

Ethik und Politik, 32

Heute leiden viele Menschen an sich selbst. Bei ihnen ist äußerlich alles in Ordnung: Sie haben alles, aber sie leiden an sich selbst. Sie wissen nicht, was sie mit sich anfangen sollen, sie leiden daran, es ist ihnen eine Last und eine Aufgabe, die sie nicht lösen können. Sie können Kreuzworträtsel lösen, aber sie können nicht das Rätsel lösen, das das Leben jedem vorlegt.

Kunst des Zuhörens, 76

Langeweile ist der Zustand der Melancholie und Depression beim normalen, durchschnittlichen Menschen, während die Melancholie der pathologische Zustand der Langeweile ist, die man bei einzelnen Menschen findet. Ich glaube freilich, daß der Unterschied nur ein quantitativer ist. Vermutlich haben die Menschen, die melancholisch werden, eine weniger gute Abwehr, um die Langeweile des Lebens zu bekämpfen als die Mehrheit der »gesunden« Menschen, die gelangweilt sind, aber wissen, wie sie ihr entkommen können und sie nicht bewußt spüren müssen. Langeweile ist nichts anderes als der Ausdruck von Unbezogenheit zur Welt und zur Liebe. *Pathologie der Normalität, 77*

Unser heutiges Problem ist nicht unsere Verderbtheit, sondern meiner Meinung nach unsere Gleichgültigkeit, unser Mangel an Interessiertheit und Betroffenheit, unser Unwille, uns zwischen Leben und Tod zu entscheiden, unser Dahinleben, ohne zu wissen, wofür dies alles gut sein soll, unsere Gleichgültigkeit uns selbst und der Zukunft gegenüber.

Pathologie der Normalität, 88

Pathologische Normalität

Die Normalsten sind die Kränkesten. Und die Kranken sind die Gesündesten. Das klingt geistreich oder vielleicht zugespitzt. Aber es ist mir ganz ernst damit, es ist nicht eine witzige Formel. Der Mensch, der krank ist, zeigt, daß bei ihm gewisse menschliche Dinge noch nicht so unterdrückt sind, daß sie mit den Mustern der Kultur in Konflikt kommen und daß sie durch diese Friktion Symptome erzeugen. Das Symptom ist ja wie der Schmerz nur ein Anzeichen, daß etwas nicht stimmt.

Glücklich der, der ein Symptom hat. Glücklich der, der einen Schmerz hat, wenn ihm etwas fehlt! Empfände der Mensch keine Schmerzen, wäre er in einer sehr gefährlichen Lage. Viele »normale« Menschen sind derart angepaßt, daß sie alles, was ihr eigen ist, verlassen haben; sie sind so entfremdet, so Instrumente, so roboterhaft geworden, daß sie schon gar keinen Konflikt mehr empfinden. Ihr wirkliches Gefühl, ihre Liebe, ihr Haß, ist schon so verdrängt oder sogar verkümmert, daß sie das Bild einer chronischen leichten Schizophrenie geben. *Interview Lodemann 1977*

Sagt man dem durchschnittlichen Bürger von heute, daß eine der schmerzvollsten, wenn nicht die schmerzvollste psychische Erkrankung die Abwesenheit von Gefühlen ist, dann wird es viele geben, die dies einfach nicht verstehen werden. Im Gegenteil, viele werden sagen: »Dies ist doch wunderbar. Es ist doch ganz ausgezeichnet, wenn ich nichts fühle. Was zum Teufel muß ich denn auch fühlen? Ich möchte meine Ruhe haben und keinen Ärger!« Sie kennen das beinahe unerträgliche Erleben eines völlig anderen Geisteszustands nicht, in dem man gar nichts mehr fühlen kann. *Pathologie der Normalität, 55*

Der Mensch von heute hat die Möglichkeit, ein Ich-Gefühl zu entwickeln, doch setzt dies voraus, daß er seine eigenen Kreativität und Produktivität entwickelt hat, daß er er selbst sein können muß, daß er sich selbst als das Zentrum und Subjekt seiner eigenen Handlungen erlebt. Sonst bleibt ihm nur ein Ausweg: der Konformismus. Er muß mit den anderen konform gehen. Er erlebt sich dabei nur solange als Ich, als er sich von seinem Nachbarn nicht unterscheidet. Entfernt er sich von diesem nur ein wenig, kommt bereits Angst auf, weil sich sofort sein Identitätsproblem – »Wer bin ich?« – unüberhörbar meldet. Solange er sich gänzlich konform verhält, braucht er sich nicht zu fragen, »Wer bin ich?«, weil zweifelsfrei gilt: »Ich bin wie der Rest von uns.« *Seele und Gesellschaft, 103*

Das Ziel der heutigen Gesellschaft ist nicht die Verwirklichung des Menschen. Das Ziel der heutigen Gesellschaft ist der Profit des investierten Kapitals. Profit meine ich hier nicht im Sinne der Gier, sondern im Sinne der maximalen Wirtschaftlichkeit des ökonomischen Systems. Der Profit ist nicht – wie in alten Zeiten vielleicht – ein Ausdruck gieriger Menschen, die möglichst viel verdienen; auch dies gibt es, und zwar gar nicht so selten, aber dies ist nicht das Wesentliche. Das Wesentliche ist, daß der Profit ein Ausweis ist, daß möglichst rational und richtig gewirtschaftet worden ist. Der Manager, der einen Profit bringt, zeigt damit, daß er rational gewirtschaftet hat. Je höher deshalb der Profit ist, um so besser, um so richtiger, um so rationaler hat er gewirtschaftet. *Interview Ferrari 1980*

Als ich zur Schule ging, lernte ich den lateinischen Satz: *Mens sana in corpore sano*, also daß ein gesunder Geist in einem gesunden Körper ist. Das ist höchstens die Hälfte der Wahrheit, denn es kommt oft vor, daß ein nicht gesunder Geist in einem gesunden Körper ist, und ebenso, daß ein gesunder Geist in einem kranken Körper ist. Es wäre meiner Überzeugung nach viel korrekter zu sagen: *Mens sana in societate sana*, daß also, abgesehen von Ausnahmen, ein gesunder Geist nur in gesunder Gesellschaft sein kann und daß deshalb beim Menschen das Problem der individuellen seelischen Gesundheit einfach nicht von der seelischen Gesundheit der Gesellschaft zu trennen ist.

Pathologie der Normalität, 113 f

Wenn ich wetten sollte, dann würde ich keine fünf Mark wetten, daß die Menschheit überhaupt überlebt. Nur, Gott sei Dank, sind diese Dinge keine Frage des Wettens, sondern des Glaubens und der Hoffnung. Solange es Leben gibt, solange glaube ich und habe ich die Hoffnung, daß das Potential, das im Menschen angelegt ist, wieder zum Durchbruch kommen wird, sich wieder äußern wird. Aber das ist zum großen Teil eine Frage des Glaubens. Es kommt darauf an, wieviel jeder von dieser Hoffnung bei sich selbst spürt und miterlebt, wieviel Hoffnung er hat und anderen auch in gewisser Weise mitteilen kann – das heißt, wieviel Hoffnung er mit ihnen anderen teilen kann. *Interview Ferrari 1980*

Ich glaube, daß heute schon sehr viele Menschen bereit sind, nach einem Weg zu suchen, der den Menschen befriedigt und ihn respektiert. Viele spüren, daß ein Leben, das dem Erfolg, dem Geld, der Konkurrenz, der Ausbeutung dient, in Wirklichkeit ein Leben ist, das die Menschen unglücklich macht.

Interview Lodemann 1977

Haben statt Sein

Jeder Mensch in jeder Gesellschaft muß natürlich etwas haben: Er muß Kleidung haben, so primitiv sie auch sein mag, auch Schmuck zu haben, ist ein ganz elementares Bedürfnis. Gesänge, Melodien, Lieder gehören immer zum gesellschaftlichen Eigentum, aber eben als Eigentum, das funktional und kein Ausdruck des Habens ist. *Interview Reif 1977*

Funktionales Eigentum ist ein existentielles und aktuelles Bedürfnis des Menschen; institutionalisiertes Eigentum hingegen befriedigt ein pathologisches Bedürfnis, das durch bestimmte sozio-ökonomische Umstände bedingt wird. *Vom Haben zum Sein, 135*

Habenstruktur bedeutet, daß der Mensch gierig ist. Es liegt ja im Wesen des Habenwollens, daß man erstens immer mehr haben will und daß man damit notwendigerweise in Konflikt mit den Interessen aller anderen gerät, sowohl im individuellen Maßstab innerhalb einer Gesellschaft wie im internationalen Maßstab zwischen Nationen. Das Habenwollen und die Gier sind ihrem Wesen nach dadurch gekennzeichnet, daß sie unbegrenzt sind. Physiologische Bedürfnisse sind von der Natur aus begrenzt.

Wir mögen noch so großen Hunger haben, einfachen oder gezüchteten, aber an einem bestimmten Punkt sind wir satt. Das gilt auch für die Sexualität, das gilt auch für alle natürliche Bedürfnisse. Unsere Industrie aber hat ein System erfunden, um sich zu erhalten, um die nötigen Profite zu erzielen, das immer neue Bedürfnisse schafft. Wenn ich einen Wagen habe, will ich zwei haben, wenn ich einen kleinen Wagen habe, will ich einen großen haben, und wenn ich das schon habe, eine Yacht und dann ein Flugzeug – das nenne ich Gier. *Interview Assal 1977*

Zwanghafter Konsum ist eine Kompensation für Angst. Das Bedürfnis nach dieser Art von Konsum entspringt dem Gefühl der inneren Leere, der Hoffnungslosigkeit, der Verwirrung und dem Streß. Indem man Konsumgüter »in sich aufnimmt«, vergewissert man sich sozusagen, daß »man ist«. Wenn der Konsum eingeschränkt würde, würde viel Angst manifest werden. Der Widerstand gegen eine eventuelle Erregung von Angst führt dazu, daß man nicht bereit ist, den Verbrauch einzuschränken. *Revolution der Hoffnung, 348*

Der moderne Mensch hat viele Dinge und gebraucht viele Gegenstände, aber er ist sehr wenig. Seine Gefühle, seine Denkvorgänge sind zurückgebildet wie untrainierte Muskeln. Er hat vor allen sozialen Veränderungen Angst, weil jede Störung des gesellschaftlichen Gleichgewichts ihm Chaos oder Tod bedeuten – vielleicht nicht im physischen Sinn, aber doch als das Ende seiner Identität.

Vom Haben zum Sein, 126

Das Haben ist die aufgehäufte Arbeit, das Sein ist die *menschliche* Tätigkeit, und zwar die menschliche Tätigkeit. Tätigkeit bedeutet nicht, Steine von hier nach dorthin zu schleppen und dann wieder zurückzuschleppen. Das ist keine Arbeit im menschlichen Sinne. Sein heißt lebendig zu sein, interessiert zu sein, die Dinge zu sehen, Menschen zu sehen, Menschen zuzuhören, sich in Menschen hineinzuversetzen, sich in sich selbst hineinversetzen, das Leben interessant zu machen, aus dem Leben etwas Schönes zu machen. Sein ist gerade nicht etwas Langweiliges. *Interview Ferrari 1980*

Es kommt einzig darauf an, ob die innere Einstellung sich vom Haben auf das Sein verlagert und bis zu welchem Grade sie dies tut. Wenn das Haben nicht mehr wichtig ist, kommt es auch nicht darauf an, ob einer ein bißchen mehr hat als der andere. Im Gegenteil, sehr häufig sind gerade jene, die darauf drängen, daß alle genau das Gleiche haben, nur versteckte Vertreter einer Habeneinstellung. In Wirklichkeit werden sie von ihrem Neid motiviert. Sie sind so besessen von der Wichtigkeit des Habens, daß sie sich Gerechtigkeit nur unter der Bedingung vorstellen können, daß keiner ein bißchen mehr hat als der andere. Das sind im Grunde genommen neidische Menschen, die ganz im Habenmodus leben, aber ihren Neid als Gerechtigkeit rationalisieren. *Interview Reif 1977*

Unter produktivem Tätigsein verstehe ich nicht Handlungen, die durch Triebe oder durch das zwanghafte Bedürfnis, auf eine bestimmte Weise zu handeln, zustande kommen, sondern den freien und tätigen Ausdruck der eigenen Fähigkeiten. Auch umgekehrt gilt, daß die Orientierung am Haben und ihre Befriedigung die Kräfte und schließlich die Fähigkeit zu produktiven Bemühungen schwächt. Je mehr ein Mensch sich am Haben orientiert, um so weniger anziehend wird es für ihn, eigene Anstrengungen zu unternehmen. Orientierung am Haben und innere Faulheit bilden schließlich einen Zirkel, bei dem das eine das andere jeweils verstärkt. *Vom Haben zum Sein, 145*

Es sieht so aus, als ob unsere Industriegesellschaft langsam untergeht, und zwar vor allem, weil sie eine Gesellschaft ohne Freude und Liebe ist. Sieht man tiefer, dann wird die Vitalität des Menschen durch den Mangel an Freude und an Liebe geschwächt. Ich glaube, in der modernen Industriegesellschaft hat das Leben keinen Reiz und keine Vision mehr. Wenn das Leben keine Vision hat, nach der man strebt, nach der man sich sehnt, die man verwirklichen möchte, dann gibt es auch kein Motiv, sich anzustrengen, sich anzuspannen, einer Vision nachzuleben. Gibt es keine Vision von etwas Großem, Schönen, Wichtigem, dann reduziert sich die Vitalität, und der Mensch wird lebensschwächer.

Interview Jaenecke 1980

II

Leidenswege

Wo kein Leben ist …

Wo kein Leben ist,
im inneren Sinn von Lebendigsein,
muß das Leben
auch im biologischen Sinn erlöschen.

Interview Jaenecke 1980

Entfremdung

Jeder Akt einer unterwürfigen Anbetung ist ein Akt der Entfremdung und des Götzendienstes. *Wege aus einer kranken Gesellschaft, 89*

Die Propheten des Alten Testaments haben das, was sie Götzendienst nennen, auf vielfältige Weise zum Ausdruck gebracht. Es geht beim Götzendienst natürlich nicht um die Frage, ob es einen oder mehrere Götter gibt. Für die alttestamentlichen Propheten besteht der Götzendienst darin, daß der Mensch das Werk seiner Hände anbetet, sich vor Dingen verneigt und bei diesem Vorgang selbst zu einem Ding wird. Indem der Mensch sich selbst einschränkt und verdinglicht, wird er selbst zu einem Ding; er nimmt sich selbst das Leben, weil er sich verdingt, von Dingen abhängig wird, auf die er seine eigenen menschlichen Kräfte projiziert hat. Seine eigenen menschlichen Kräfte sind nun in den Händen der Heiligen. *Seele und Gesellschaft, 121 f*

Psychologisch gesehen läßt sich der Mechanismus der Entfremdung so beschreiben, daß ich ein Erleben, das potentiell in mir ist, auf ein Objekt außerhalb von mir projiziere. Beide Begriffe, Entfremdung wie Götzendienst, bedeuten, daß ich mich meiner selbst beraube, daß ich mich leer mache, gefriere, eine lebendige Erfahrung loswerde, also mein eigenes Denken, mein eigenes Lieben, mein eigenes Fühlen auf eine andere Person oder auf ein Ding außerhalb von mir projiziere, um es dann wieder zurückzuholen, indem ich auf dieses Ding oder diesen Menschen bezogen bin. Das Objekt wird zur Verkörperung von dem, dessen ich mich entledigt habe. Von da an repräsentiert diese Figur da drüben mich, doch ich bin an sie gebunden und von ihr abhängig. Wenn ich ihr nicht nahe bin, bin ich verloren, denn sie ist sozusagen im Besitz meiner Seele. *Seele und Gesellschaft, 121*

Ein Beispiel von Entfremdung ist der Götzendienst des Selbstbildes. Es gibt das Selbstbild des Grandiosen. Jemand sieht sich als Held, als Genie. Oder es gibt das Selbstbild des furchtbar bescheidenen, freundlichen guten Menschen. Es gibt alle möglichen Selbstbilder. Bei all diesen Formen wird das Selbstbild zu einem Götzen, dem der Betreffende dient. Man stellt dabei sozusagen eine kleine Statue vor sich hin, heiße sie Bescheidenheit oder Güte oder Weisheit oder Intelligenz oder Brillanz oder auch Verdrießlichkeit; selbst Grausamkeit kann ein begehrtes Selbstbild sein.

Beim Götzendienst des Selbstbildes handelt es sich um einen subtilen Vorgang. Was immer in einem Menschen lebendig ist, wird auf den Götzen übertragen, um dann sozusagen wie ein Spiegel des Idols zu leben. Ein solcher Mensch handelt nicht genuin aus sich selbst, sondern so, wie sein Götze ihn handeln macht. Dabei ist sein Handeln in sich konsistent, und doch fürchtet er sich gleichzeitig, weil es seinen Handlungen an Authentizität mangelt.

Er hat sich selbst leer gemacht, den Götzen seines Selbstbildes vor sich aufgestellt und lebt gemäß dem Götzen, doch er ist nie er selbst. Dies ist der Grund, warum er sich ängstigt.

Seele und Gesellschaft, 126

Eine weiteres Entfremdungsphänomen ist der Götzendienst des Denkens. Ein solcher liegt vor, wenn jemand redet und davon überzeugt ist, sein Erleben liege im Wort selbst. Ein solcher Mensch merkt gar nicht, daß er selbst nichts mehr erlebt, sondern daß das Wort oder der Gedanke zu seinem kleinen Götzen geworden ist. Der Gebrauch des Wortes vermittelt ihm den Eindruck, mit dem, was das Wort bedeutet, in Berührung zu sein, während er in sich selbst in Wirklichkeit nichts erlebt. Er kommt mit dem Erleben vielmehr nur indirekt in Berührung, wenn er mit dem Wort Kontakt hat, von dem er annimmt, daß es das Erleben ausdrücke.

Seele und Gesellschaft, 127

Die Entfremdung des Selbst ist eine der wichtigsten Entfremdungsformen. Sie läßt sich am besten mit der Unterscheidung von Selbst und Ego verdeutlichen, wobei es hier nicht auf die Begriffe »Selbst« und »Ego« ankommt. Beim entfremdeten Selbsterleben nehme ich mein eigenes Selbst als ein Ego wahr. Die meisten Menschen erleben heute ihr Selbst in einer entfremdeten Weise: Sie schauen auf sich, wie wenn sie jemanden »da drüben« wahrnehmen würden. Dabei geht es nicht um die Frage, ob das Bild, das wir von uns haben, richtig oder falsch ist, sondern darum, daß wir uns selbst nur als ein Warenangebot wahrnehmen. Wir sehen uns nur von außen.

Wenn wir »Ich« denken, dann erleben wir uns in Wirklichkeit, wie wenn es um eine andere Person ginge und zudem noch so, daß wir dieses Gegenüber auch nur in einer entfremdeten Weise wahrnehmen. Wir erleben uns selbst nur als etwas, das viele Eigenschaften hat. Wir sagen uns dann immer wieder vor: »Immerhin, ich bin intelligent« oder »ich bin hübsch« oder »ich bin nett« oder »ich bin mutig« usw., doch eigentlich sind dies alles nur Beschreibungen dieses Dinges »da drüben«. Ein solche Ego-Vorstellung ist eine entfremdete Vorstellung des Bildes, das ich von mir als einem Ding habe, mit der ich durch das Leben gehe und mit der ich es im Leben zu etwas bringen möchte.

Beim nicht-entfremdeten Selbsterleben erlebe ich mein Selbst als ein »Ich« in einem Vorgang, bei dem ich das Subjekt meines Handelns bin. Mit »Handeln« meine ich hier nicht vorrangig, daß ich dieses oder jenes tue; vielmehr daß ich im Prozeß des Seins das Subjekt meines menschlichen Erlebens bin: Ich fühle, ich denke, ich schmecke, ich höre, ich liebe – und es gibt noch viele andere Dinge, die alle zum Bereich meiner menschlichen Fähigkeiten gehören und deren Ausdruck sind. Wenn ich nicht künstlich nachahme, sondern das authentische Subjekt meines Tätigseins bin, dann erlebe ich mich in der Tat im Augenblick des Tätigseins als den, der da handelt: als Ich, und nicht als ein Ego.

Seele und Gesellschaft, 129f

Bei nicht-entfremdeter Aktivität erlebe ich mich als handelndes Subjekt meines Tätigseins. Nicht-entfremdete Aktivität ist ein Prozeß des Gebärens und Hervorbringens, wobei die Beziehung zu meinem Produkt aufrechterhalten bleibt. Dies bedeutet auch, daß meine Aktivität eine Manifestation meiner Kräfte und Fähigkeiten ist, daß ich und mein Tätigsein und das Ergebnis meines Tätigseins eins sind. Diese nicht-entfremdete Aktivität bezeichne ich als produktives Tätigsein.

In der entfremdeten Aktivität erlebe ich

mich nicht als das tätige Subjekt meines Handelns, sondern erfahre das Resultat meiner Tätigkeit, und zwar als etwas »da drüben«, das von mir getrennt ist und über mir, bzw. gegen mich steht. Im Grunde handle nicht ich; innere oder äußere Kräfte handeln durch mich.

Entfremdete Aktivität im Sinne bloßer Geschäftigkeit ist in Wirklichkeit »Passivität«, das heißt Unproduktivität. Hingegen kann Passivität im Sinne von Nichtgeschäftigkeit nicht-entfremdete Aktivität sein. Dies ist heute so schwer zu verstehen, weil die meisten Arten von Aktivität entfremdete »Passivität« sind, während produktive Passivität selten erlebt wird. *Haben oder Sein, 334f*

Narzißmus

Der narzißtische Mensch ist außerstande, sich in einen anderen Menschen hineinzuversetzen, der anders ist als er.

Seele des Menschen, 203

Für den narzißtischen Menschen ist nur er und was ihn betrifft ganz real; was außerhalb ist, was andere anbelangt, erscheint ihm nur oberflächlich für seine Wahrnehmung als real. Anders gesagt: Die Außenwelt ist nur für seine Sinne und für seinen Verstand real, aber nicht in einem tieferen Sinne, für sein Fühlen oder für sein Verstehen. Das, was außerhalb ist, interessiert ihn nur insofern, als es ihn betrifft. Er hat keine Liebe, kein Mitgefühl, kein rationales, objektives Urteil. Der sehr narzißtische Mensch hat eine unsichtbare Mauer um sich erstellt; er ist alles, die Welt ist nichts – oder vielmehr: er ist die Welt.

Vom Haben zum Sein, 153

Viele Menschen versuchen, ihren Narzißmus zu verstecken, indem sie sich besonders bescheiden und demütig geben. Oder sie verstecken ihren Narzißmus in einer subtileren Weise und beschäftigen sich mit religiösen, okkulten oder politischen Angelegenheiten, die den Anschein erwecken, über die Privatinteressen hinauszugehen.

Vom Haben zum Sein, 154

Formen von malignem Narzißmus findet man bei psychotischen oder sehr schwer kranken Menschen. Hier richtet sich der Narzißmus nur noch auf die eigene Person: Mein Erscheinungsbild, mein Körper, meine Gedanken, meine Gefühle, mein Appetit usw. sind das einzig Wirkliche, das einzige, das auf der ganzen Welt für mich eine Rolle spielt. Bösartig ist dieser Narzißmus, weil er mich von Vernunft, Liebe, vom Nächsten und von allem, was das Leben interessant macht, trennt.

Bei den Formen benignen Narzißmus' richtet sich der Narzißmus nicht auf einen besonderen Teil von mir – meinen Körper, meine Gedanken, sondern auf etwas, das ich erreichen möchte, auf eine Leistung, eine wissenschaftliche oder ökonomische oder sonst eine Leistung. Beim gutartigen Narzißmus spüre ich etwas von der narzißtischen Liebe, doch liebe ich nicht meine Person, sondern etwas außerhalb von mir, etwas Objektives, das ich hervorgebracht habe. Dies ist zwar immer noch Narzißmus, doch er ist gutartig, denn, indem ich etwas erschaffe, überwinde ich – in einem dialektischen Prozeß – auch gleichzeitig etwas von meinem Narzißmus. Will ich etwas produzieren und erschaffen, bin ich gezwungen, mich auf die Welt außerhalb zu beziehen. Die Folge ist, daß der Narzißmus nicht zu einem schonungslosen Entweder-Oder-Konflikt zwischen den einzelnen Menschen führt, sondern zu einem Wettkampf um die beste Leistung.

Pathologie der Normalität, 121 f

Man kann einen narzißtischen Menschen daran erkennen, daß er äußerst empfindlich auf jede Kritik reagiert. Diese Empfindlichkeit kann sich darin äußern, daß er bestreitet, daß die Kritik stichhaltig sei, oder daß er mit Zorn oder Depression darauf reagiert. In vielen Fällen kann sich die narzißtische Orientierung auch hinter einer bescheidenen und demütigen Haltung verstecken; tatsächlich kommt es häufig vor, daß ein narzißtischer Mensch seine Demut zum Gegenstand seiner Selbst-Bewunderung macht.

Seele des Menschen, 205

Auch die Liebe zwischen Mann und Frau hat oft narzißtische Züge. Ein in eine Frau verliebter Mann kann seinen Narzißmus auf sie übertragen, nachdem sie »die Seine« geworden ist. Er bewundert und verehrt sie oft auf Grund von Eigenschaften, die er auf sie übertragen hat. Nur weil sie ein Teil seiner selbst geworden ist, wird sie zum Träger außergewöhnlicher Eigenschaften. *Seele des Menschen, 206*

Seelische Gesundheit hat für mich mit der Überwindung des Narzißmus zu tun oder, um es positiv zu formulieren, mit dem daraus resultierenden Erreichen von Liebe und Objektivität, mit der Überwindung der Entfremdung, mit dem daraus resultierenden Identitäts- und Unabhängigkeitserleben, mit der Überwindung der Feindseligkeit und der daraus folgenden Fähigkeit zu einem friedvollen Leben und schließlich mit dem Erlangen von Produktivität, die die Überwindung der archaischen Phase des Kannibalismus und der Abhängigkeit bedeutet.

Pathologie der Normalität, 113

Tödliche Langeweile

Langeweile hat mit der Abwesenheit von innerer Lebendigkeit, produktiver Aktivität, genuiner Bezogenheit zur Welt und echtem Interesse an allem, was uns umgibt, zu tun. Am wichtigsten ist dabei wohl die Abwesenheit der Liebe zum Leben. Langeweile ist das Gegenteil von Freude, aber der moderne Mensch weiß kaum, was Freude ist. Er weiß, was Vergnügen, was Spaß, was Spannung ist; aber Freude, diese tiefe, glühende Erfahrung, die keiner Anregung von außen bedarf und keiner Apparate, die ernst und leicht zugleich ist, diese Freude ist eine seltene Erfahrung.

Ethik und Politik, 28

Wem es langweilig wird, der hat bestimmte Möglichkeiten, dieser Langeweile zu entkommen. Wir gehen dann auf Parties oder spielen Karten, trinken etwas, arbeiten, fahren in der Gegend herum oder tun eines der unzähligen Dinge, die uns die Langeweile erträglicher machen können.

Eine der besten Möglichkeiten, der Langeweile zu entkommen, ist die Routine. Wer einen Stundenplan hat, der morgens um sieben mit dem Radio beginnt und nachts um 12 Uhr endet, so daß keine Minute übrig bleibt, die es zu töten gilt, der hat schlichtweg keine Zeit, sich zu langweilen. Eine solche Routine ist dann alles, was es braucht. Langeweile kommt nur dann auf und wird unerträglich, wenn man Zeit hat. Wer sich den Tag so gestaltet, daß keine Zeit mehr übrig bleibt, den überkommt keine Langeweile. Gäbe es diese Möglichkeit, der Langeweile zu entkommen nicht, dann müßten wir innerhalb kürzester Zeit für Millionen von Menschen psychiatrische Kliniken bauen. *Pathologie der Normalität, 77 f*

Der gelangweilte Mensch, der nicht Positives erleben kann, hat dennoch eine Möglichkeit, Intensität zu erleben, indem er zerstörerisch wird. Wenn er Leben zerstört, spürt er ein Gefühl der Überlegenheit über das Leben und rächt er sich an ihm, weil es ihm nicht geglückt ist, dieses Leben mit Sinn zu erfüllen. Indem er rächt und zerstört, beweist er sich, daß das Leben ihn doch nicht betrogen hat.

Jugendliche, die »ohne Grund« einfach hingehen und einen Menschen, den sie überhaupt nicht kennen, töten, erklärten, daß dies der größte Augenblick in ihrem Leben gewesen sei, weil sie am schmerzentstellten Gesicht dieses Menschen gesehen hätten, daß sie doch noch Eindruck machen könnten und nicht völlig nichts seien. Diese nekrophile Destruktivität ist eine viel radikalere Lösung als der Sadismus, weil sie die Verneinung des Lebens selbst erfordert und durch die Zerstörung fremden Lebens das eigene Versagen, wirklich lebendig zu sein, kompensieren soll. *Interview Reif 1975*

Die zerstörerischen Tendenzen nehmen meines Erachtens heute deshalb so zu, weil die Langeweile wächst, weil die Sinnlosigkeit des Lebens wächst, weil die Menschen ängstlicher werden, weil sie keinen Glauben an die Zukunft und keine Hoffnung haben. Die Nekrophilie wächst nicht zuletzt auch deshalb, weil die Menschen sich betrogen fühlen von allen Versprechungen, von allen Ideologien, von allen Parteien, von allen Religionen. In dieser Situation des Sich-Betrogen-Fühlens sehen viele Menschen nur noch eine Möglichkeit: das Leben selbst zu zerstören, um sich damit an den Betrügern und an sich selbst zu rächen. *Interview Reif 1975*

Wo kein Leben ist, im inneren Sinn von Lebendigsein, muß das Leben auch im biologischen Sinn erlöschen. Es kann sich selbst auslöschen in einem Anfall von phantastischer Destruktivität, die sozusagen eine Perversion des Lebens ist. Denn Leben zerstören ist immer noch ein Ausdruck von Gewalt-über-Leben-Haben. *Interview Jaenecke 1980*

Es gibt einen Grad von Langeweile und Interesselosigkeit, bei dem die Langeweile so groß ist, so unerträglich werden kann, daß sogar der phantastische Selbstmord einer ganzen Zivilisation durch einen Atomkrieg keine Überraschung wäre. *Interview Jaenecke 1980*

Solange noch in Fragen des Lebens eine kleine Chance besteht sagen wir von ein oder zwei Prozent – so lange darf man nicht aufgeben und muß alles versuchen, die Katastrophe zu vermeiden. Denn wenn man mit dem Leben handelt, ist es anders, als wenn man mit dem Geld handelt. Wenn man Geld investieren will, und nur zwei Prozent Chance hat, daß es einem nicht verloren geht, dann wird nur ein Narr es investieren. Wenn ein Mensch schwer krank ist, und nur zwei Prozent Chance besteht, daß sein Leben gerettet werden kann, wird die Medizin alle Mittel versuchen, um wegen dieser zwei Prozent sein Leben zu retten, obwohl die Chance so gering ist.

Es geht bei den gesellschaftlichen Fragen schließlich um das Leben der Menschheit. Solange man den Glauben haben kann, daß doch noch fast ein Wunder geschehen kann, solange man nicht beweisen kann, daß es nicht möglich ist – und das kann man, wo es sich um lebende Prozesse handelt, eigentlich nie oder sehr selten –, so lange muß man jeden Versuch machen. *Interview Lodemann 1977*

III

Die Wahrheit befreit

Die Lüge bewegt nichts

Die Wahrheit
hat eine besondere Eigenschaft.
Da sie die Wirklichkeit ausdrückt,
erreicht sie den Menschen...
Die Lüge berührt nicht die Wirklichkeit.
Die Lüge bewegt nichts.
Man kann tausend Lügen daherbringen;
es tut sich nichts, weil man etwas Fiktives,
etwas Unwirkliches berührte...

Selbsterkenntnis

Seit Freud heißt Selbsterkenntnis, uns selbst zu kennen, insofern wir uns unserer selbst gewahr werden und insofern wir uns unserer selbst nicht gewahr sind. Selbsterkenntnis heißt heute, gleichsam Licht in den größten Teil unseres psychischen Lebens bringen, in jenen nämlich, der abgetrennt von unserem normalen bewußten Denken arbeitet und der nachts zum Vorschein kommt und auf die Bühne tritt, wenn wir schlafen, bzw. in der Psychose, wenn wir halluzinieren. *Kunst des Zuhörens, 199*

In der Regel beschränkt sich unser Bewußtsein auf das, was die Gesellschaft, der wir angehören, uns wahrzunehmen erlaubt. Menschliche Erfahrungen, die in dieses Bild nicht hineinpassen, werden verdrängt. Daher repräsentiert unser Bewußtsein hauptsächlich unsere eigene Gesellschaft und Kultur, während unser Unbewußtes den universalen Menschen in einem jedem von uns repräsentiert. *Seele des Menschen, 223*

Das Unbewußte repräsentiert den ganzen Menschen, der im Kosmos verwurzelt ist; es repräsentiert die Pflanze in ihm, das Tier in ihm, den Geist in ihm; es repräsentiert seine Vergangenheit bis hinab ins Morgengrauen der menschlichen Existenz, und es repräsentiert seine Zukunft bis hinauf zu dem Tag, wo der Mensch ganz menschlich geworden ist und die Natur humanisiert und der Mensch »naturalisiert« sein wird.

Jenseits der Illusionen, 121

Ich glaube tatsächlich, daß wir alles in uns haben. Dies meine ich nicht nur in dem Sinne, daß wir alle Menschen sind und daß es nichts Menschliches gibt, das uns fremd wäre, weil es nichts Menschliches gibt, das es nicht in uns gäbe: das Kind, der Kriminelle, der Verrückte, der Heilige, der Durschnittsmensch. Ich glaube nicht nur, daß dies alles in uns ist, sondern daß wir uns all dessen auch gewahr sind und es spüren, auch wenn wir uns dessen nicht bewußt sind.

Seele und Gesellschaft, 112f

Es gibt einen sehr interessanten talmudischen Mythos, der besagt, daß das Kind, bevor es geboren wird, alles weiß. Mit diesem Wissen aber geboren zu werden, wäre derart schmerzvoll, daß ein Engel kommt und aus Erbarmen das Kind berührt und damit sein ganzes Wissen hinwegnimmt. Dieser Mythos drückt auf symbolische Weise sehr treffend aus, worum es mir geht: Unbewußt wissen wir alles, und doch wissen wir es nicht, weil dieses Wissen zu schmerzvoll wäre.

Seele und Gesellschaft, 113 f

Gewöhnlich versteht man unter »Verdrängung« das, was bewußt war und dann verdrängt wurde. Nach meinem Verständnis bezieht sich das, was nicht bewußt ist, in gleicher Weise auf das, was einmal bewußt war, und auf das, was uns noch nie bewußt war. Die Vorstellung von Verdrängtem, dessen man sich noch nie bewußt war, setzt voraus, daß in Wirklichkeit alles in uns ist. Um es anders auszudrücken: Wir wissen alles, doch wir wissen nicht, was wir wissen.

Wenn ich annehme, daß ich jemanden noch nie so wahrgenommen habe, wie ich ihn jetzt sehe, dann bedeutet dies bei meiner Betrachtungsweise, daß ich ihn in Wirklichkeit bereits zuvor kannte; allerdings war ich mir dieser Kenntnis nicht bewußt. Hätte ich ihn wirklich nicht gekannt oder wäre ich in Wirklichkeit blind gewesen, dann könnte ich nur von einer neuen Einsicht, und nicht von einer verborgenen, unterdrückten, unbewußten Einsicht sprechen, die ans Tageslicht kam. *Seele und Gesellschaft, 111 f*

Einige der häufigsten Konflikte zwischen dem Bewußtsein und dem Unbewußten sind die folgenden: Freiheitsbewußtsein – unbewußte Unfreiheit; bewußtes gutes Gewissen – unbewußte Schuldgefühle; bewußtes Glücksgefühl – unbewußte Depressionen; bewußte Aufrichtigkeit – unbewußter Betrug; bewußter Individualismus – unbewußte Beeinflußbarkeit; Machtbewußtsein – unbewußtes Gefühl der Hilflosigkeit; bewußter Glaube – unbewußter Zynismus und völlige Glaubenslosigkeit; Bewußtsein zu lieben – unbewußte Gleichgültigkeit und unbewußter Haß; bewußte Aktivität – unbewußte psychische Passivität und Trägheit;

bewußt realistische Einschätzung – unbewußter Mangel an Realismus. Dies sind die wirklichen Widersprüche unserer Zeit, die verdrängt und rationalisiert werden.

Sigmund Freuds Psychoanalyse, 280f

Mir geht es nicht um die Frage, um die es in den meisten Psychotherapien hauptsächlich geht: »Warum bin ich so geworden, wie ich bin?« Mir geht es darum, daß man sich nach Art einer psychologischen Röntgenaufnahme fragt: »Wer bin ich?« Solange jemand nur fragt, warum er so geworden ist, wie er ist, weiß er noch nicht, wer er ist.

Es geht um die Erkenntnis der Kräfte, die mich jetzt in diesem Augenblick antreiben oder mich bzw. jemand anderen motivieren. Ich benütze den Vergleich mit der Röntgenaufnahme, weil es darum geht, etwas zu sehen, was sich bei normaler Betrachtungsweise nicht sehen läßt. Bei einer Röntgenaufnahme der Brust zum Beispiel, kann man auch die Tuberkulose sehen, die jemand vor 20 Jahren gehabt haben kann. Dies läßt sich an den Narben im Gewebe erkennen. Es ist aber uninteressant, was in den Lungen des

Menschen vor 20 Jahren vor sich ging; es interessiert vielmehr, was jetzt mit der Lunge dieses Menschen ist und ob sich aktuell eine Änderung beobachten läßt, die man über das Röntgenbild feststellen kann. Wer deshalb etwas verstehen will, für den gilt immer, sich an erster Stelle zu fragen, was jetzt unbewußt vor sich geht, was sich vermuten läßt, was sich an unbewußten Motivationen, die ihn jetzt bestimmen, erspüren läßt.

Kunst des Zuhörens, 64f. u. 68f

Sich des ganzen Ausmaßes des Leidens gewahr zu sein, ist noch lange nicht der schlechteste Leidenszustand. Er ist weitaus besser als jener Zustand, der einem schattenhaften Land vergleichbar ist, in dem man weder leidet noch glücklich sein kann. Zu leiden ist wenigstens ein ganz reales Gefühl, das zum Leben dazugehört. Wer sich seines Leidens nicht bewußt ist und nur fernsieht oder mit sonst etwas sich die Zeit vertreibt, der ist weder hier noch dort. *Kunst des Zuhörens, 37*

Gesellschaftskritik

Nach Marx gilt: »Die Forderung, die Illusionen über seinen Zustand aufzugeben, ist die Forderung, einen Zustand aufzugeben, der der Illusion bedarf.« Freuds Begriff der »Selbsterkenntnis« basiert auf der Vorstellung, daß Illusionen (»Rationalisierungen«) zerstört werden müssen, um der unbewußten Wirklichkeit gewahr zu werden.

Haben oder Sein, 301

Will man das Unbewußte des Einzelnen verstehen, so muß man seine Gesellschaft einer kritischen Analyse unterwerfen.

Sigmund Freud. Persönlichkeit ..., 215

Ob man die Gesellschaft oder ob man das Individuum zu verstehen sucht: In beiden Fällen hat man es mit menschlichen Lebewesen zu tun und deshalb mit unbewußten Motivationen, die ihr Verhalten bestimmen. Man kann den Menschen als Einzelwesen nicht vom Menschen als gesellschaftlichem Wesen trennen; tut man es dennoch, so hat man sich selbst dazu verurteilt, den Menschen weder in der einen noch in der anderen Dimension zu verstehen. *Sigmund Freud. Persönlichkeit..., 215*

Wissen beginnt mit der Erkenntnis der Täuschungen durch die Wahrnehmungen unseres sogenannten gesunden Menschenverstandes; nicht nur in dem Sinn, daß unser Bild der physischen Realität nicht der »tatsächlichen Wirklichkeit« entspricht, sondern insbesondere in dem Sinn, daß die meisten Menschen halb wachen und halb träumen und nicht gewahr sind, daß das meiste dessen, was sie für wahr und selbstverständlich halten, Illusionen sind, die durch den suggestiven Einfluß des gesellschaftlichen Umfelds hervorgerufen werden, in dem sie leben. Wissen beginnt mit der Zerstörung von Täuschungen, mit der Ent-täuschung. Wissen bedeutet, durch die Oberfläche zu den Wurzeln und damit zu den Ursachen vorzudringen, die Realität in ihrer Nacktheit zu »sehen«. *Haben oder Sein, 301*

Was weiß ich schon von mir, wenn ich nicht weiß, daß das Bild, das ich von mir selbst habe, zum größten Teil ein künstliches Produkt ist und daß die meisten Menschen – ich schließe mich nicht aus – lügen, ohne es zu wissen? Was weiß ich, solange ich nicht weiß, daß »Verteidigung« Krieg bedeutet, »Pflicht« Unterwerfung, »Tugend« Gehorsam und »Sünde« Ungehorsam?

Was weiß ich, solange ich nicht weiß, daß die Vorstellung, daß Eltern ihre Kinder instinktiv lieben, ein Mythos ist? Daß Ruhm sich nur selten auf bewundernswürdige menschliche Qualitäten und häufig nicht auf echte Leistungen gründet? Daß die Geschichtsschreibung verzerrt ist, weil sie von den Siegern geschrieben wird? Daß betonte Bescheidenheit nicht unbedingt ein Beweis für fehlende Eitelkeit ist? Daß Liebe das Gegenteil von heftiger Sehnsucht und Gier ist?

Was weiß ich schon von mir, wenn ich nicht weiß, daß jeder versucht, schlechte Absichten und Handlungen zu rationalisieren, um sie edel und wohltätig erscheinen zu lassen? Daß das Streben nach Macht bedeutet, Wahrheit, Gerechtigkeit und Liebe mit Füßen zu treten? Daß die heutige Industrie-Gesellschaft vom Prinzip der Selbstsucht, des Habens und des Konsumierens bestimmt ist und nicht von den Prinzipien der Liebe und Achtung vor dem Leben, die sie predigt? Wenn ich nicht fähig bin, die unbewußten Aspekte der Gesellschaft, in der ich lebe, zu analysieren, kann ich nicht wissen, wer ich bin, weil ich nicht weiß, in welcher Hinsicht ich nicht ich bin. *Vom Haben zum Sein, 103*

Die Aufgabe der Kritik besteht nicht darin, die Ideale herabzusetzen, sondern vielmehr nachzuweisen, daß sie in Ideologien verwandelt wurden, und die Ideologie im Namen des verratenen Ideals zu bekämpfen.

Jenseits der Illusionen, 124

Unteilbare Wahrheit

Gewahrwerden bezieht sich nicht nur auf das Aufdecken innerer Konflikte, sondern gleichermaßen auf das Gewahrwerden von Konflikten im gesellschaftlichen Leben, die verneint und durch Ideologien, das heißt, gesellschaftliche Rationalisierungen, harmonisiert werden. Da der einzelne Teil der Gesellschaft ist und nicht losgelöst vom sozialen Gefüge betrachtet werden kann, beeinflussen seine Illusionen über die gesellschaftliche Realität seine geistige Klarheit und verhindern somit seine Befreiung von den Illusionen über sich selbst. Man kann nicht einerseits sehen wollen und andererseits blind sein. Die kritische Fähigkeit des menschlichen Geistes ist unteilbar. Wer glaubt, man könne sein Inneres sehen, für die Außenwelt aber blind sein, gleicht einem, der sagt, eine Kerze gebe ihr Licht nur in eine Richtung und nicht in alle. Das Licht einer Kerze ist wie die Fähigkeit der Vernunft zu kritischem, durchdringendem und ent-deckendem Denken. *Vom Haben zum Sein, 58*

Wirklichkeit und Wahrheit müssen eine Bedeutung haben, ohne daß diese sich auf jedes einzelne Stück Realität beziehen müßte; insofern aber die Wirklichkeit eine Bedeutung hat, ist sie total, nicht fragmentiert und nicht geteilt. Zeigt man die Wirklichkeit nur in ihrer politischen *oder* ökonomischen *oder* kulturellen Dimension, also nur perspektivisch, dann hat diese Teilwahrheit keinen oder nur einen geringen Effekt. Sie kann deshalb nicht viel Wirkung haben, weil der Mensch eine ganzheitliche Größe ist und nicht in verschiedene Teilbereiche, unter denen es keine Verbindung gibt, aufgeteilt werden kann.

Ethik und Politik, 46f

Die Wahrheit muß nicht nur bedeutsam und ganz sein, sie muß auch radikal sein, nicht geschönt, gesüßt, mit Zuckerguß überzogen. Viele glauben, daß das Verstehen erleichtert werde, wenn man die Wahrheit in dosierten Portionen mitteilt. Sie verhalten sich wie Eltern, die vom Storch und von den Blüten und den Bienen reden, den anderen Teil der Geschichte aber dann später erzählen wollen. Die Erfahrung zeigt, daß die Wahrheit, das heißt die Konfrontation mit der Wirklichkeit, dort eine besondere Wirkung hat, wo man sie vollständig, klar und ohne Kompromisse sieht. Es ist sehr schwer, dieser Wirklichkeit zu entkommen. *Ethik und Politik, 47*

Die Wahrheit hat eine besondere Eigenschaft. Da sie die Wirklichkeit ausdrückt, erreicht sie den Menschen, was die Halbwahrheiten nicht tun. Bin ich auf einen anderen Menschen in echter Weise bezogen, also wirklich bei ihm und in ihm, und sage ich ihm, was in diesem anderen eine Wirklichkeit ist, dann ist es für den anderen sehr schwer, weiterhin an seinem Widerstand festzuhalten, es sei denn, er ist sehr schwer krank. Ansonsten aber gilt: Wenn ich auf der Basis dieses ganzheitlichen Kontaktes ihm sage, was ich sehe, dann wird er sich nicht mehr mit einer Fülle von Rationalisierungen davonwinden. Sage ich ihm aber nur die halbe Wahrheit, weil ich davon überzeugt bin, daß er die ganze Wahrheit noch nicht ertragen kann, dann erreiche ich ihn nicht. Es ist dann wie bei einem Telefon, das nicht klingelt, weil zwar die ersten fünf Nummern richtig, die sechste aber falsch gewählt war.

Seele und Gesellschaft, 161 f

Die Lüge berührt nicht die Wirklichkeit. Die Lüge bewegt nichts. Man kann tausend Lügen daherbringen; es tut sich nichts, weil man etwas Fiktives, etwas Unwirkliches berührte. Sobald man aber die Wirklichkeit anrührt, das heißt, sobald man die Wahrheit sagt, versucht etwas im Menschen zu antworten, weil das, was man sagt, auf etwas trifft, das dieser Mensch weiß und doch nicht weiß. Natürlich ist dieser Vorgang nicht so einfach, daß ein Mensch zwangsläufig reagiert. Es kann eine derart große Abwehr gegen das eigene Reagieren geben, also das, was wir Widerstand nennen, daß er nicht antworten wird. Und doch ist es unsere Hoffnung, ist es die Hoffnung für die Menschheit überhaupt, daß die Wahrheit uns frei macht, wie das Neue Testament (Joh 8,32) sagt.

Seele und Gesellschaft, 113

Der Glaube an das Leben, an sich selbst, an andere, muß sich auf den harten Felsen der Realität gründen, das heißt, auf die Fähigkeit, Schlechtes dort zu sehen, wo es ist, Betrug, Destruktivität und Selbstsucht nicht nur dann zu erkennen, wenn es ganz offensichtlich ist, sondern auch dann, wenn diese verkleidet und rationalisiert sind.

Vom Haben zum Sein, 33 f

IV

Scheidewege

Geborenwerden zu etwas Neuem

Geboren zu werden,
ist ein andauernder Prozeß...
Jeder Vorgang des Geborenwerdens,
jeder Schritt zu etwas Neuem,
ist mit Ungewißheit und Angst verbunden
und erfordert Glauben.

Seele und Gesellschaft, 102

Umkehr

Die Tatsache, daß die nicht zustande gekommene normale Entwicklung bewußtes oder unbewußtes Leiden verursacht, erzeugt ein dynamisches Streben, das Leiden zu überwinden, das heißt, eine auf Gesundung ausgerichtete Veränderung herbeizuführen. Dieser Wille zur Gesundung ist in unserem physischen wie auch in unserem seelischen Organismus die Grundlage für jede Heilung der Erkrankung und fehlt nur in den schwersten Fällen. Der erste Schritt, der notwendig ist, um diesen Willen zur Gesundung wirksam werden zu lassen, ist das Gewahrwerden des Leidens und das Gewahrwerden von all dem, was wir aus unserer bewußten Persönlichkeit ausgeschlossen und abgetrennt haben.

Wege aus einer kranken Gesellschaft, 191f

Ich vergleiche die behinderten psychischen Wachstumsmöglichkeiten mit einem Baum in einem Garten. Er wächst zwischen zwei Mauern in einer Ecke und bekommt nur wenig Sonne. Er ist völlig krumm gewachsen, aber er wuchs so unansehlich, weil es für ihn die einzige Möglichkeit war, Sonnenlicht zu erreichen...

Jeder Mensch versucht, Sonne zu bekommen, um im Leben wachsen zu können. Sind aber die Lebensumstände so, daß er dies nicht auf eine eher positive Weise tun kann, dann wird er es auf eine verbogene Weise tun, wobei »verbogen« hier den kranken Weg symbolisiert. Er ist entstellt, und doch ist er immer ein menschliches Wesen, das alles tut, um eine Lösung für sein Leben zu finden. Dies sollte man nie vergessen. *Kunst des Zuhörens, 79*

Der Mensch ist eine Einheit, sein Denken, sein Fühlen und seine Lebenspraxis sind untrennbar miteinander verbunden. Er kann in seinem Denken nicht frei sein, wenn er nicht auch emotional frei ist; und er kann emotional nicht frei sein, wenn er in seiner Lebenspraxis, in seinen ökonomischen und sozialen Beziehungen abhängig und unfrei ist. Wenn man versucht, in einem Bereich unter Ausschluß der anderen radikal voranzukommen, so muß das notwendigerweise zu dem Resultat führen, zu dem es geführt hat, daß nämlich die radikalen Forderungen auf dem einen Gebiet nur von wenigen Menschen erfüllt werden, während sie für die Mehrheit zu leeren Formeln und Ritualen werden, die zur Tarnung der Tatsache dienen, daß sich in den anderen Bereichen nichts geändert hat.

Wege aus einer kranken Gesellschaft, 190f

Ohne Anstrengung und ohne Bereitschaft, Schmerz und Angst zu durchleben, kann niemand wachsen. *Vom Haben zum Sein, 83*

Ein wachsendes Gewahrwerden unserer selbst kann nur dann voll wirksam werden, wenn wir auch den nächsten Schritt tun und unsere Lebenspraxis ändern, die wir auf die neurotische Struktur aufgebaut haben und die diese ständig reproduziert.

Wege aus einer kranken Gesellschaft, 192

Widerstände

Wir sehen viele Menschen – vom jugendlichen Kriminellen bis zum hartgesottenen, aber erfolgreichen Erwachsenen –, die es an einem bestimmten Punkt ihres Lebens, vielleicht mit fünf, vielleicht mit zwölf oder vielleicht auch mit zwanzig Jahren, einfach nicht mehr aushalten können, noch weiter verletzt zu werden. Manche unter ihnen beschließen wie unter dem Eindruck einer plötzlichen Vision oder bei einer Bekehrung, daß es ihnen jetzt reicht, daß sie überhaupt nichts empfinden wollen, daß sie fortan niemand mehr wird verletzen können, aber daß sie von nun an imstande sein werden, anderen weh zu tun. Möglicherweise beklagen sie sich über ihr Mißgeschick, keinen Freund zu finden oder niemand zu haben, der sie liebt, aber das ist nicht ihr Mißgeschick, es ist ihr Schicksal. Nachdem sie ihr Mitgefühl und ihr Einfühlungsvermögen verloren haben, kommen sie mit niemandem mehr in enge Berührung, und auch sie selbst können nicht mehr innerlich berührt werden. Ihr Triumph im Leben ist, niemanden nötig zu haben. Sie sind stolz auf ihre Unberührbarkeit, und es macht ihnen Spaß, anderen weh tun zu können.

Revolution der Hoffnung, 276

Ich bin davon überzeugt, daß wir mit uns selber beginnen müssen. Wer über Politik und Veränderung der Gesellschaft spricht und sich nicht zuerst selbst fragt, welche Einstellung er hat und was er bei sich ändern kann, der führt nur ein zweckloses Geschwätz, das zudem noch gefährlich ist, weil das, was man anstrebt und zu schaffen versucht, ohne Beziehung zu einer inneren Wahrnehmung steht.

Pathologie der Normalität, 103

Noch redet die Kirche mehr oder weniger nur von innerer Befreiung; die fortschrittlichen politischen Parteien von den Liberalen bis zu den Kommunisten sprechen nur von der äußeren Befreiung. Die Geschichte aber hat klar gezeigt, daß das eine ohne das andere nur zu Ideologien führt und den Menschen abhängig und verkrüppelt zurückläßt. Das einzig realistische Ziel ist die totale Befreiung.

Vom Haben zum Sein, 21

Jeder hat das Recht, ja die Pflicht zu kritisieren, selbst wenn er keine Alternative weiß. Ich behaupte aber, daß die Kritik nutzlos und historisch ineffektiv bleibt, wenn sie nicht mindestens den Versuch macht, jene Fragen zu stellen, die auch zu einer Antwort führen können. Wenn sie zu keiner Antwort führen, so sollen sie wenigstens in die Richtung weisen, von wo eine Antwort kommen kann. Eine Kritik, die dies nicht wenigstens versucht, setzt sich dem Verdacht aus, eine eigenartige Form von Egoismus zu sein, bei der man seine Seele und sein Gewissen damit zu retten versucht, daß man sich beweist, besser als der Rest der Menschen zu sein.

Ethik und Politik, 42

Nur jung zu sein, reicht noch nicht aus, zumal die Jugendzeit auch einmal ein Ende hat. Was für die »Kinder der Liebe« von heute belebend sein mag, mag für die gleichen »Kinder« lästig sein, wenn sie einmal 40 Jahre alt sind. Bärte verdecken mehr, als daß sie ausdrücken, und die Nachlässigkeit bei der Kleidung ist noch kein Hinweis auf Hoffnung.

Ethik und Politik, 38

Man kann andere Menschen für etwas gewinnen, indem man ihre Entrüstung, ihren Ehrgeiz oder sogar ihren Haß anspricht. Man kann aber mit diesen Gefühlen Menschen nie dazu bringen, konstruktive und wahrhaft revolutionäre Handlungen mitzutragen.

Menschen können zu verändernden Handlungen nur motiviert werden, wenn sie Hoffnung haben. Und sie können nur Hoffnung haben, wenn es eine Vision gibt; und sie können nur dann eine Vision haben, wenn man ihnen Alternativen zeigt. Solche Alternativen aber gibt es nur auf Grund enormer Anstrengung von Denken und Vorstellungsvermögen und nicht, wenn sich alle Energien auf Protest und Entrüstung konzentrieren.

Ethik und Politik, 44

Die Gewalt als solche schafft nie Neues. Das Neue muß schon da sein. Vor allem müssen die Gesellschaftsformen, die der Liebe im Wege stehen, durch solche ersetzt werden, die sie fördern. Es bleibt die Hoffnung, daß die Menschen ihr eigenes Leiden erkennen, das durch den Mangel an Liebe hervorgerufen wird. Aus diesem Leiden werden neue und starke Impulse zur Liebe erwachsen und damit auch zum Leben. *Interview Jaenecke 1980*

Ein Zynismus, der nicht mit einem großen Glauben einhergeht, ist pure Entmutigung, ist geradezu selbstdestruktiv.

Kunst des Zuhörens, 174

Der Grund dafür, warum die meisten Menschen in ihrem Leben scheitern, liegt meiner Meinung nach darin, daß sie nie wissen, wann der entscheidende Augenblick gekommen ist. Wenn jemand genau weiß, wenn er sich jetzt – sagen wir – auf eine direkte oder indirekte Bestechung einläßt, dann wird er als gebrochener Mensch enden, denn er wird sich dann wieder bestechen lassen und sich immer noch mehr unterwerfen. Wenn er dies wirklich erkennen würde, dann würde das Gespür für das Wohl-Sein und seine Energien für den Notfall genügend Kraft mobilisieren, sich für ein klares Nein entscheiden zu können.

Meistens aber reagieren die Menschen in einer solchen Situation mit Rationalisierungen: »Dies ist nur eine einmalige Sache.« »Das ganze ist nicht so wichtig.« »Ich mach dies mal und kann es ja dann immer noch ändern.« Im Leben vieler Menschen gibt es nie einen Augenblick, in dem sie einer Entscheidungssituation gewahr werden; meistens merken sie es erst, wenn es zu spät ist.

Kunst des Zuhörens, 124f

Ich glaube, wir wissen alle viel mehr, als wir uns bewußt sind. Wir verwenden einen großen Teil unserer Energie auf das Verdrängen der Wahrheit und rennen vor uns selbst davon, rennen vor unseren Einsichten davon und ersetzen sie durch alle möglichen Rationalisierungen. *Interview Lodemann 1977*

Mit Hilfe einer Rationalisierung versucht man vorzugeben, eine Handlung sei von vernünftigen und moralischen Motiven veranlaßt, und verdeckt dabei die verborgenen Motive, die im Gegensatz zum bewußten Denken des Betreffenden stehen.

Jenseits der Illusionen, 124

Geboren werden

Geboren zu werden, ist ein andauernder Prozeß, bei dem wir die Bindungen an die Vergangenheit, an die Mutter abschneiden und sich eine neue Situation ergibt, mit der wir nur durch unser eigenes Tätigsein fertig werden. Darum ist das Atmen so wichtig, nicht nur körperlich gesehen, sondern im psychologischen und symbolischen Sinne. Wie der Vorgang der Trennung von der Mutter beim Geborenwerden nur auf Grund des ersten eigenen Tätigseins durch das Atmen – ermöglicht wird, so gilt für jede Trennung und jeden Akt des Geborenwerdens, daß er psychologisch nur dann möglich wird, wenn wir ein neues Tätigsein zu unser eigenem machen.

Jeder Vorgang des Geborenwerdens, jeder Schritt zu etwas Neuem, ist mit Ungewißheit und Angst verbunden und erfordert Glauben. Gewiß ist nur das Vergangene, ja das einzig wirklich Gewisse ist das Tote. Jedes Geborenwerden, jeder Fortschritt, jede Evolution, jedes Auftauchen ist mit Ungewißheit verknüpft, und gleichzeitig ist mit der Natur des Menschen der Wunsch gegeben, aus der Vergangenheit aufzutauchen, weil die Vergangenheit ab einem bestimmten Zeitpunkt zur Fessel wird.

Seele und Gesellschaft, 101 f

Das Leben eines jeden Menschen stellt ein Drama dar, in dem der einzelne erfolgreich oder erfolglos seine besondere Antwort auf das Problem des Lebens gibt. Es kommt nun darauf an, die Gesamtantwort zu verstehen, die ein Mensch gibt. Diese Gesamtantwort kann die Antwort einer völligen Regression in den Bauch der Mutter zurück sein; sie kann heißen, daß jemand an der Brust seiner Mutter bleiben möchte; sie kann heißen, daß jemand an die Maßgaben des Vaters gebunden bleiben will; oder sie kann die volle Entwicklung der eigenen Kräfte heißen. Darüber hinaus gibt es noch eine Anzahl von Variationen, doch es ist immer eine ganzheitlich strukturierte Antwort. *Seele und Gesellschaft, 148*

Adams und Evas Ungehorsam gegen Gott wird nicht als Sünde bezeichnet; wir finden nirgends einen Hinweis darauf, daß dieser

Ungehorsam den Menschen verderbt gemacht habe. Im Gegenteil ist dieser Ungehorsam die Vorbedingung dafür, daß der Mensch sich seiner selbst bewußt wurde und daß er fähig ist, sich für etwas zu entscheiden, so daß dieser erste Akt des Ungehorsams letzten Endes der erste Schritt des Menschen auf dem Weg zur Freiheit ist. *Seele des Menschen, 166*

Zuerst muß man sich aus dem Griff der Selbstsucht zu befreien versuchen, indem man das, woran man sich festhält, loszulassen beginnt. Das bedeutet, Dinge aufzugeben, zu teilen beginnen und bereit zu sein, die Angst zu durchstehen, die diese ersten kleinen Schritte begleitet. Dann wird man die Angst spüren, sich selbst zu verlieren. Diese entwickelt sich, wenn man Dinge verliert, die als Krücken für das eigene Selbstgefühl gedient haben. *Vom Haben zum Sein, 155f*

Der Zen-Buddhist Daisetz T. Suzuki gebrauchte für das Wachstum des Menschen einmal folgenden Vergleich: Man stelle sich einen Raum vor, der völlig dunkel ist. Wenn man in diesen Raum eine Kerze bringt, ändert sich die Situation grundlegend, denn bevor die Kerze kam, war es absolut dunkel; mit der Kerze ist es hell. Dann werden zehn Kerzen, hundert, tausend, hunderttausend Kerzen in den Raum gebracht, der immer heller dabei erleuchtet wird. Auch diese zusätzlichen Kerzen machen einen großen Unterschied aus, das entscheidende Ereignis aber geschah, als die Dunkelheit durch die erste Kerze durchbrochen wurde. –

Ich persönlich denke, daß die menschliche Entwicklung nach Art eines wachsenden Lichtes vor sich geht. Wichtig freilich ist, die erste Kerze in das eigene Leben zu bringen.

Seele und Gesellschaft, 153

Trauerarbeit

Der Mensch ist abhängig; er bleibt dem Tode, dem Alter, der Krankheit unterworfen, und selbst wenn er die Natur beherrschen und sie sich ganz und gar dienstbar machen könnte, sind er und seine Erde doch winzige Pünktchen im Universum. Aber es ist eine

Sache, die eigene Abhängigkeit und seine Grenzen anzuerkennen, und es ist etwas völlig anderes, sich dieser Abhängigkeit hinzugeben und jene Mächte anzubeten, von denen man abhängt. Realistisch und nüchtern einsehen, wie begrenzt unsere Macht ist, bedeutet ein wesentliches Kennzeichen von Weisheit und Reife. Dieses Schicksal anzubeten, ist masochistisch und selbstzerstörerisch. Das eine bedeutet Demut, das andere Selbstdemütigung. *Psychoanalyse und Religion, 257*

Da wir lebendige Wesen sind, müssen wir uns voll Trauer darüber klar sein, daß zwischen dem, was wir erreichen möchten, und dem, was wir in unserem kurzen, mühsamen Leben erreichen können, eine tiefe Kluft besteht. Da der Tod uns vor die unvermeidliche Tatsache stellt, daß entweder wir vor denen, die wir lieben, sterben werden oder sie vor uns – da wir täglich um uns herum unvermeidliches wie auch vermeidbares und überflüssiges Leiden mit ansehen müssen, wie können wir es da vermeiden, Kummer und Traurigkeit darüber zu empfinden? Das ist nur möglich, wenn wir unsere Sensitivität, unsere Offenheit und unsere Liebe reduzieren, wenn wir unser Herz verhärten und unsere Anteilnahme und unser Gefühl den anderen wie auch uns selbst entziehen.

Wege aus einer kranken Gesellschaft, 142

Wir tun alles, um das Erleben von Trauer auszuschließen: angefangen beim Vermeiden von »Konflikten der Kinder wegen«, bis zur gepflegten Erscheinung eines einbalsamierten Leichnams. Doch jeder, der die Fähigkeit zu echtem, tiefem Gefühl nicht verloren hat, kann nicht umhin, oftmals traurig zu sein. In Wirklichkeit besteht das Problem des Lebens nicht darin, glücklich zu sein, sondern lebendig zu sein. Ob man sich freudig oder traurig erlebt, ist gegenüber dem Gefühl, lebendig zu sein, zweitrangig. *Ethik und Politik, 28*

Die Trauer ist – klinisch gesprochen – das genaue Gegenteil von Depression. Jemand, der wirklich depressiv ist, würde Gott dafür danken, wenn er fähig wäre, traurig zu sein. Depression ist die Unfähigkeit zu fühlen. Depression ist das Empfinden, tot zu sein, während der Körper am Leben ist. Sie ist überhaupt nicht das gleiche wie Schmerz und Trauer, ja sie hat nicht einmal einen Bezug zu ihnen. Der depressive Mensch ist ebenso unfähig, sich zu freuen, wie er unfähig ist, traurig zu sein. Gerade die Tatsache, nichts fühlen zu können, macht die Depression so unerträglich. *Pathologie der Normalität, 54*

Die echte Trauer ist selbst im Seinsmodus ein ungeheuer bereichernder Affekt, ja eines der wichtigsten Erlebnisse. Die meisten Menschen können ebenso wenig trauern wie sie lieben können. Hat jemand einer schweren Verlust erlitten, etwa weil ein ihm nahestehender Mensch gestorben ist, und reagiert er auf dieses Ereignis deprimiert, dann weicht er der Trauer aus. Er wird deprimiert, weil er unfähig ist zu trauern.

Man kann bei sich selbst und bei anderen feststellen, inwieweit Trauer Depression und inwieweit sie echte Trauer ist. Depressive Menschen können nie traurig sein; sie empfinden in sich ein Gefühl der Schwäche und Ohnmacht. Echte Trauer hingegen bedeutet gerade nicht Ohnmacht. Trauer und Liebe erfordern beide ein Erlebnis der inneren Kraft, der inneren Lebendigkeit, sonst bleibt man letzten Endes stumm oder stumpf.

Interview Reif 1977

Reue ist mehr als Bedauern. Reue ist ein starker Affekt: Der reuige Mensch empfindet Ekel vor sich selbst und seinen Taten. Echte Reue und die damit verbundene Scham ist die einzige menschliche Erfahrung, die zu verhindern vermag, daß dasselbe Verbrechen immer wieder begangen wird. Wenn sie fehlt, entsteht der Eindruck, das Verbrechen sei nie verübt worden.

Aber wo finden wir echte Reue? Seit Jahrtausenden lebt der Mensch in einem System, in dem der Sieger nicht zu bereuen braucht, weil Macht mit Recht gleichbedeutend ist. Die Verbrechen, die wir selbst, unsere Zeitgenossen und unsere Vorfahren begangen haben, sei es tatsächlich oder durch unser Stillschweigen, sollten jedem deutlich ins Bewußtsein rücken. Sie müssen in offener Sprache eingestanden werden. *Liebe zum Leben, 174f*

Die wichtigste Aufgabe des heutigen Menschen ist, mutig zu sein und zu sehen, welchen Gefahren er sich gegenübersieht und wie gefährlich der Weg ist, den er geht. Der Mensch von heute muß Mut zu sich selbst haben. Er muß den Mut haben zu sagen, daß es für den Menschen nichts Wichtigeres gibt als den Menschen, und daß es für seine Handlungen kein wichtigeres Ziel gibt als sein Überleben. Dabei geht es nicht nur um sein Überleben im biologischen Sinn, sondern im seelischen Sinn, wobei beide Aspekte nicht voneinander zu trennen sind. Wenn der Mensch keine Hoffnung mehr hat, dann hat er auch keine Lebenschance mehr.

Interview Ferrari 1980

V

Antriebskräfte

Liebe zum Leben

Es läßt sich zeigen, daß das Glück für den Menschen in der Liebe zum Leben liegt, also in etwas sehr Aktivem, in der Freude an einer Pflanze, in der Freude an einer Landschaft, in der Freude an Musik, in allem, in dem der Mensch seine ihm eingegebenen Fähigkeiten (...) benutzen kann, etwas zu schaffen.

Interview Lodemann 1980

Liebendes Bezogensein

Diejenigen Bedürfnisse, die der Mensch mit dem Tier gemeinsam hat – Hunger, Durst und das Bedürfnis nach Schlaf und sexueller Befriedigung – sind deshalb wichtig, weil sie im chemischen Haushalt seines Körpers wurzeln und übermächtig werden können, wenn sie unbefriedigt bleiben. Aber selbst die volle Befriedigung dieser Bedürfnisse gewährleistet noch nicht die geistige und seelische Gesundheit. Diese hängt von der Befriedigung jener Bedürfnisse und Leidenschaften ab, die spezifisch menschlich sind und den Bedingungen der menschlichen Situation entstammen: des Bedürfnisses nach Bezogenheit, nach Transzendenz, nach Verwurzelung, nach Identitätserleben und nach einem Rahmen der Orientierung und einem Objekt der Hingabe. *Wege aus einer kranken Gesellschaft, 51*

Aus welchen Energiequellen leben wir? Man kann sagen, daß eine Energiequelle rein physischer Natur ist. Sie wurzelt in der Chemie unseres Körpers. Von dieser Energiequelle wissen wir, daß sie etwa ab dem 25. Lebensjahr langsam wieder abnimmt. Aber es gibt noch eine andere Energie. Diese entspringt unserem Bezogensein auf die Welt, unserem Interessiertsein. Man kann sie manchmal wahrnehmen, etwa wenn man mit jemandem, den man liebt, zusammen ist, oder wenn man etwas ganz Interessantes, Aufregendes liest. Man wird dann nicht müde. Man spürt eine Energie aufkommen, die nicht erwartet wurde. Man spürt ein tiefes Gefühl von Freude. Bei achtzigjährigen Menschen, die ein Leben intensiver Bezogenheit, Liebe, Betroffenheit, Interessiertheit gelebt haben, kann man die tatsächlich überraschende und überwältigende Beobachtung machen, daß diese Menschen ganz frisch und voller Energie sind, ohne daß diese Frische und Energie etwas mit ihrer Körperchemie und den Quellen zu tun hätte, die ihnen ihr Körper zur Verfügung stellt.

Freude, Energie, Glück – sie alle hängen vom Grad unserer Bezogenheit und Interessiertheit ab, das heißt, sie hängen in erster Linie davon ab, inwieweit wir mit der Realität unserer Gefühle und mit der Realität anderer Menschen in Berührung sind und diese nicht als Abstraktionen wie Waren auf dem Markt wahrnehmen. Zweitens erleben wir in diesem Prozeß des Bezogenseins uns selbst als eigenständige Größe, als ein Ich, das auf die Welt bezogen ist. Ich werde eins mit der Welt in meinem Bezogensein auf sie und zugleich nehme ich mich als ein Selbst, als eine Individualität, als etwas Einzigartiges wahr, weil ich bei diesem Prozeß des Bezogenseins gleichzeitig das Subjekt dieses Tätigseins, dieses Prozesses, dieses Mich-Beziehens bin. Ich bin ich und ich bin der andere Mensch. Ich werde mit dem Objekt meines Interesses eins, doch nehme ich mich bei diesem Prozeß selbst auch als Subjekt wahr.

Pathologie der Normalität, 75 f

Der Natur des Menschen und seiner existentiellen Situation entspricht das Ziel des Lebens: fähig zu sein zu lieben, fähig zu sein, seine eigene Vernunft zu gebrauchen, und fähig zu sein, jene Objektivität und Bescheidenheit zu haben, mit der der Mensch die Wirklichkeit außerhalb von ihm und in ihm selbst in einer nicht-entfremdeten Weise erlebt. In dieser Art von Bezogenheit zur Welt finden wir die größte Energiequelle, abgesehen von jener auf Grund von chemischen Prozessen im Körper erzeugten Energie. Nichts fördert das Kreative mehr als die Liebe, vorausgesetzt, sie ist echt. *Pathologie der Normalität, 36*

Der seelisch gesunde Mensch ist ein Mensch, der aus seiner Liebe, seiner Vernunft und seinem Glauben heraus lebt, der sein eigenes Leben und das seiner Mitmenschen achtet. *Wege aus einer kranken Gesellschaft, 144*

Der Mensch muß auf andere bezogen sein. Ist der Mensch nicht bezogen, dann ist er verrückt. Doch er kann auf verschiedene Weise bezogen sein. Um zwei Möglichkeiten zu nennen: Er kann auf eine symbiotische Weise bezogen sein, indem er sich entweder einem anderen unterwirft oder sich eines anderen bemächtigt, wobei der andere jeweils für ihn lebensnotwendig ist; oder er kann liebend bezogen sein, womit ich meine, daß man unter der Voraussetzung der Getrenntheit und jeweiligen Ganzheit mit einem anderen Menschen eins wird.

Ob ein Mensch in der einen oder anderen Weise bezogen ist, entscheidet über seine Gesundheit oder Krankheit. In jedem Fall aber hat er auf irgendeines Weise bezogen zu sein, wenn er nicht verrückt ist. Man könnte sagen, ein Mensch kann die verschiedensten Speisen essen, solche, die ihm gut tun, und solche, die ihm schaden; würde er jedoch überhaupt nicht essen, müßte er sterben. Was der physische Tod im körperlichen Bereich ist, ist die Verrücktheit im psychischen Bereich. *Seele und Gesellschaft, 99f*

Es gibt nur eine Leidenschaft, die das Bedürfnis des Menschen befriedigt, mit der Welt eins zu werden und gleichzeitig ein Gefühl der Integrität und Individualität zu erlangen: die Liebe. *Wege aus einer kranken Gesellschaft, 26*

Im Erlebnis der Liebe kommt es zu der paradoxen Situation, daß zwei Menschen eins werden und gleichzeitig zwei bleiben.

Wege aus einer kranken Gesellschaft, 27

Alles gibt es in mir. Ich bin ein kleines Kind, ich bin ein Erwachsener, ich bin ein Mörder und ich bin ein Heiliger. Ich bin narzißtisch und ich bin destruktiv. Es gibt nichts im anderen, was es nicht auch in mir gibt. Und nur in dem Maße, als ich jene Erfahrungen, von denen mir der andere indirekt oder ausdrücklich berichtet, in mir wiederfinden kann, so daß sie in mir entstehen und sich in mir widerspiegeln können, kann ich verstehen, wovon der andere spricht. Dann kommt es auch zu der eigenartigen Erfahrung: Der andere wird nicht das Gefühl haben, daß ich über ihn rede oder daß ich zu ihm herab spreche; vielmehr wird er spüren, daß ich von etwas spreche, das wir beide teilen... Man kann einen anderen Menschen nur insoweit wirklich kennen, als man das gleiche erfahren hat.

Kunst des Zuhörens, 114

Wie können wir einen Menschen verstehen, der völlig anders als wir ist? Es gibt keine Erfahrung, die ein anderer Mensch macht, zu der wir nicht auch fähig sind. Wenn ich zum Beispiel einen Kriminellen – jemanden, der gemordet und gestohlen hat verstehen will, dann wird mir dies nur gelingen, wenn ich jener kriminellen Impulse in mir bewußt bin, mit denen ich morden und stehlen könnte. Es stimmt, daß ich kein Krimineller bin. Deshalb nehme ich an, daß diese Impulse in ihm sehr viel stärker, unkontrollierter usw. da sind, als in mir, aber sie sind da.

Auch wenn ich einen heiligen und guten Menschen verstehen will, kann ich dies nur tun, wenn es diesen guten Menschen auch in mir gibt. Hat ein Mensch nichts Humanes mehr in sich und gibt es keine Impulse zur Güte, zum Freundlichen, zur Liebe, zum Gesunden mehr in ihm, dann würde ich auch sagen, daß er aufgehört hat, ein menschliches Wesen zu sein. Es gibt deshalb in einem anderen Menschen nichts, was es nicht auch in mir gibt.

Dies ist die einzige Grundlage für das Verstehen der Menschen untereinander, vor allem auch für das Verstehen eines Menschen, der ganz anders oder der sehr krank ist. Wenn wir selbst nicht ebenso schwer krank sind, dann kann unser eigenes Kranksein manchmal sogar bewirken, daß wir bestimmte Dinge besser verstehen.

Seele und Gesellschaft, 138f

Im Prozeß des Bezogenseins erleben wir uns selbst als eigenständige Größe, als ein Ich, das auf die Welt bezogen ist. Ich werde eins mit der Welt in meinem Bezogensein auf sie und zugleich nehme ich mich als ein Selbst, als eine Individualität, als etwas Einzigartiges wahr, weil ich bei diesem Prozeß des Bezogenseins gleichzeitig das Subjekt dieses Tätigseins, dieses Prozesses, dieses Mich-Beziehens bin. Ich bin ich und ich bin der andere Mensch. Ich werde mit dem Objekt meines Interesses eins, doch nehme ich mich bei diesem Prozeß selbst auch als Subjekt wahr.

Pathologie der Normalität, 76

Je mehr ein Mensch seine Kräfte der Liebe und der Vernunft entwickelt, desto stärker ist sein Identitätserleben, weil es nicht durch seine soziale Rolle vermittelt ist, sondern in der Authentizität seines Selbst wurzelt. Je mehr er geben kann und je stärker er auf andere bezogen ist, ohne seine Freiheit und Integrität einzubüßen, desto mehr ist er sich seines Unbewußten gewahr, so daß ihm nichts Menschliches in ihm und in anderen fremd ist.

Entdeckung des gesellschaftlichen Unbewußten, 76

Vernunftbestimmte Leidenschaft

Wenn wir nicht von der Wirklichkeit, über die wir nachdenken, betroffen sind, und kein echtes Interesse an ihr haben, dann bleibt von unseren Denkvorgängen nur Intelligenz übrig. Unter Intelligenz aber verstehe ich die Fähigkeit, mit Begriffen umzugehen, ohne durch die Oberfläche zum Wesen der Dinge durchzustoßen. Intelligenz will Wirklichkeit lieber gebrauchen und verzwecken, als sie verstehen.

Die Fähigkeit zu verstehen, die Vernunft, ist der Gegenbegriff zu manipulativer Intelligenz. Vernunft setzt immer voraus, daß wir auf das, worüber wir nachdenken, bezogen sind. Sind wir nicht bezogen, bleibt uns nichts anderes übrig, als mit der Wirklichkeit manipulativ umzugehen. Wir können sie dann wiegen und zählen und berechnen und Faktoren vergleichen. *Pathologie der Normalität, 83*

Das rationale Denken ist heute zum instrumentalen Denken geworden. Die Vernunft wurde degradiert zur manipulierenden Intelligenz; der religiöse Glaube ist – wie alles Gefühl verschwunden und hat einer Art allgemeiner Schizophrenie Platz gemacht, in der nur das Gehirn, und nicht mehr das Herz tätig ist. *Interview Reif 1977*

Wenn die menschliche Vernunft wirksam sein soll, darf sie nicht von irrationalen Leidenschaften beherrscht sein. Intelligenz bleibt Intelligenz, auch wenn sie für böse Zwecke eingesetzt wird. Vernunft dagegen, das Wissen um die Wirklichkeit, wie sie ist, und nicht, wie wir sie sehen möchten, damit sie für unsere Zwecke nützlicher ist – diese Vernunft wirkt nur in dem Maße, in dem irrationale Leidenschaften überwunden werden, das heißt in dem Maß, in dem der Mensch wahrhaft menschlich geworden ist und seine Handlungen nicht mehr von irrationalen Leidenschaften als Haupttriebkräften bestimmt werden. *Liebe zum Leben, 175*

Wo Leidenschaftlichkeit von Vernunft getrennt ist, ist Argwohn gegenüber der Leidenschaft durchaus gerechtfertigt. Der gleiche

Argwohn ist aber auch am Platz, wo die Vernunft von der Leidenschaft getrennt wird, denn eine solche Vernunft ist unmenschlich. Leidenschaftslose Vernunft ist das Produkt der »Gehirn-Maschine«, die eines Tages hinsichtlich ihrer rein intellektuellen Funktion vom Computer ersetzt werden kann. Leidenschaft ohne Wahrheit ist blind, und Wahrheit ohne Leidenschaft ist ohnmächtig. Leidenschaft, die mit der Wirklichkeit verzahnt ist, und Wahrheit, die mit jener Vernunft des Herzens verbunden ist, die Pascal die »Vernunftgründe des Herzens« nennt, können wachgerufen werden, wenn die Wirklichkeit gezeigt wird. *Ethik und Politik, 50 u. 52*

Das Besondere an der paranoiden Wahnvorstellung ist, daß man den Wahn nicht widerlegen kann, indem man ihn als unmöglich oder unlogisch hinstellt; man kann nur darauf hinweisen, daß die Vorstellung unwahrscheinlich ist. Das ist aber gerade der springende Punkt bei der Wahnvorstellung des Paranoiden: Sobald etwas möglich ist, ist er auch davon überzeugt, daß es der Wirklichkeit entspricht; er ist nicht in der Lage, sich auf eine sorgfältige Prüfung der konkreten Tatsachen einzulassen, die allein zeigen können, ob etwas tatsächlich zutrifft oder nur wahrscheinlich ist. Paranoides Denken fragt nur nach dem Möglichen; geistig gesundes und vernünftiges Denken fragt sowohl nach dem Wahrscheinlichen wie nach dem Möglichen. *Ethik und Politik, 54*

Sentimentalität ist Gefühl unter der Voraussetzung völliger Distanziertheit. Jeder Mensch fühlt, es sei denn, er wäre psychisch sehr schwer erkrankt. Wenn er aber distanziert, zurückgezogen, unbezogen ist, dann ergibt sich für die Gefühle eine sehr eigenartige Situation. Man fühlt zwar, aber man ist nicht wirklich und konkret auf etwas in der Realität bezogen. Eben dann ist man sentimental. Die Gefühle quellen über und treten irgendwo in Erscheinung. Wir gebrauchen dann Schlagworte wie »Ehre«, »Patriotismus« oder bei den Linken zum Beispiel »Revolution« oder beliebige andere Worte, die abstrakte Begriffe sind und im Augenblick keine konkrete Bedeutung haben, aber als Reizworte wirken und einen in Tränen ausbrechen, schluchzen oder sonstwie reagieren lassen. Und doch ist es ein Vollzug, bei dem das Gefühl nicht wirklich auf etwas bezogen ist, das einen betrifft, sondern eine leere Sache. *Die Pathologie der Normalität, 73f*

Glücklich wird der Mensch durch die Betätigung seiner eigenen Kräfte, wenn er sich selbst aktiv in der Welt erlebt. Auch wenn es etwas romantisch klingen mag, so glaube ich doch: Es läßt sich zeigen, daß das Glück für den Menschen in der Liebe zum Leben liegt, also in etwas sehr Aktivem, in der Freude an einer Pflanze, in der Freude an einer Landschaft, in der Freude an Musik, in allem, in dem der Mensch seine ihm eingegebenen Fähigkeiten, die teilweise natürlicher und teilweise kultureller Art sind, benutzen kann, etwas zu schaffen. Wenn er das nicht kann, dann ist meiner Beobachtung nach sein Glücksgefühl sozusagen ein Irrtum. Er redet sich ein, und es wird ihm eingeredet, daß er glücklich ist. *Interview Lodemann 1980*

Manche Menschen behaupten zwar, Prinzipien wie Gleichheit und Gerechtigkeit seien Ideologien, die sich im Laufe der Geschichte entwickelt hätten und nicht zur natürlichen Grundausstattung des Menschen gehörten. Diese Ansicht kann hier nicht im einzelnen widerlegt werden, doch eines sei hervorgehoben: Daß die Menschen im tiefsten Innern mit einem Gefühl für Gleichheit und Gerechtigkeit begabt sind, geht daraus hervor, daß sie empfindlich sind, wenn eine feindliche Gruppe die Prinzipien von Gleichheit und Gerechtigkeit verletzt. Die Empfindlichkeit des menschlichen Gewissens zeigt sich nirgends deutlicher als in der Reaktion der meisten Menschen auf noch so geringe Verstöße von Gerechtigkeit und Gleichheit, immer vorausgesetzt, daß sie nicht selbst solcher Verstöße beschuldigt werden.

Liebe zum Leben, 172f

VI

Leidenschaftliche Wege

Zwingende und befreiende Kräfte

Die Vernunft ist das wichtigste, was der Mensch als Mensch besitzt (...) Vernunft entwickelt sich nur in der Freiheit, und zwar nicht nur in der Freiheit von äußeren Zwängen, sondern auch in der von inneren Zwängen des Verhaftetseins in all seinen Erscheinungsformen

Interview Reif 1977

Ziel des Lebens

Das Leben selbst ist eine Kunst – in Wirklichkeit die wichtigste und zugleich schwierigste und vielfältigste Kunst, die der Mensch ausüben kann. Ihr Gegenstand ist nicht diese oder jene spezielle Verrichtung, sondern die »Verrichtung« des Lebens selbst, der Entwicklungsprozeß auf das hin, was der Mensch potentiell ist. Bei der Kunst des Lebens ist der Mensch sowohl Künstler als auch der Gegenstand seiner Kunst. Er ist der Bildhauer und der Stein, der Arzt und der Patient. *Psychoanalyse und Ethik, 16*

Das Ziel des Lebens besteht darin, intensiv zu leben, voll geboren zu werden und voll wach zu sein; von den Ideen eines infantilen Allmachtsgefühls loszukommen und zur Erkenntnis seiner wirklichen, wenngleich begrenzten Kraft zu gelangen; fähig zu werden, das Paradoxon zu akzeptieren, daß ein jeder von uns zugleich das Allerwichtigste auf der Welt und doch nicht wichtiger als eine Fliege oder ein Grashalm ist; fähig zu sein, das Leben zu lieben und trotzdem den Tod furchtlos zu akzeptieren; die Ungewißheit über die wichtigsten Fragen, mit denen das Leben uns konfrontiert, hinzunehmen – und trotzdem an unser Denken und Fühlen, soweit es wirklich ein Stück von uns selbst ist, zu glauben; allein sein zu können, und gleichzeitig mit den geliebten Menschen, mit jedem Mitmenschen auf Erden, mit allem Lebendigen eins sein zu können; der Stimme des Gewissens zu folgen, jener Stimme, die uns zu uns selber ruft, und trotzdem nicht uns selbst zu hassen, wenn wir ihr nicht gefolgt sind.

Wege aus einer kranken Gesellschaft, 144

Es gibt Utopisten, die sich einfach ein Bild machen und behaupten, daß es so oder so in der Zukunft aussehen wird. Diese Zukunftsvorstellung ist dann wie ein Bild oder ein Ereignis, das statt in der Vergangenheit sich in der Zukunft abspielt. Es gibt aber auch Utopisten des Seins – Ernst Bloch sei hier beispielhaft genannt, oder die Propheten oder auch Karl Marx –, bei denen die Zukunft so lebendig ist, daß sie von ihnen als gegenwärtig erlebt wird. Deren Zukunftsvorstellung ist nicht zeitlich definiert, daß sie später kommt; vielmehr ist sie nur die Vollendung dessen, was in diesem Augenblick erlebt wird. Diese rationalen oder Seins-Utopisten sind Menschen, die die Fähigkeit haben, das Vorgestellte so lebendig zu erleben, als sei es gegenwärtig. Der echte Utopist spricht eigentlich nur von der Gegenwart, nicht von der Zukunft. Daß die Gegenwart noch nicht so ist, wie er sich die Zukunft denkt, ist eigentlich ganz gleichgültig – ist sozusagen der Fehler der Gegenwart. Subjektiv erlebt er die Zukunft, als ob sie hier und jetzt existiere.

Interview Reif 1977

Die messianische Vorstellung enthält zwei Dinge in sich: einmal ein Religiöses, die Vollendung des Menschen, die Perfektion des Menschen, die Konzentrierung des Lebens auf geistige, religiöse, moralische Normen, zum anderen ein Politisches, nämlich die wirkliche Änderung der Welt und eine neue Gesellschaftsverfassung, die diese religiösen Prinzipien durchsetzt. *Interview Lodemann 1977*

Meiner Ansicht nach ist der Weg zum Verständnis politischer Gegebenheiten der, die Menschen nicht anhand ihrer Ideologien zu beurteilen, sondern die Bedeutung von Ideologien dadurch zu verstehen, daß man die Menschen versteht, die sie vertreten: die Menschen, wie sie sind, geformt durch ihr Gesellschaftssystem und ihre Lebenspraxis.

Ethik und Politik, 100

In Wirklichkeit gibt es eine zweifache Verbindung zwischen Denken und Handeln. Einerseits trifft es zu, daß man richtig denken muß, um richtig handeln zu können; ebenso trifft es zu, daß das eigene Denken über Handlungen nur dann gute Wirkungen zeitigt, wenn es von der Möglichkeit zum Handeln geleitet ist. Sieht sich das Denken außerstande, überhaupt etwas zu beeinflussen, dann wird es schwach und verworren.

Ethik und Politik, 25

Irrwege der Leidenschaft

Die Gier kann auf zweierlei Weise motiviert sein: (1) durch ein gestörtes physiologisches Gleichgewicht, welches ein gieriges Verlangen nach Essen, Trinken usw. hervorruft. Sobald das physiologische Bedürfnis befriedigt ist, hört die Gier auf, es sei denn, es handele sich um eine chronische Störung dieses Gleichgewichts; (2) durch eine Störung des psychologischen Gleichgewichts besonders aufgrund gesteigerter Angst, Einsamkeit, Unsicherheit, Identitätsmangel und dergleichen, eine Störung, die durch die Befriedigung bestimmter Begierden, etwa nach Essen, nach sexueller Befriedigung, nach Macht, Ruhm, Besitz usw. etwas beschwichtigt wird. Diese Art von Gier ist grundsätzlich nicht zu stillen, es sei denn die Angst usw. des Betreffenden hört auf oder wird stark gemildert. Die erstgenannte Art von Gier ist eine Reaktion auf bestimmte Umstände; die letztgenannte hat ihren Ursprung in der Charakterstruktur. *Revolution der Hoffnung, 317*

Der Mensch muß eine bejahende, liebende Einstellung zu sich selbst haben. Der egozentrische, narzißtische Mensch liebt sich in Wirklichkeit nicht, weshalb er gierig ist. Ganz allgemein gilt, daß nur der Mensch gierig ist, der unbefriedigt ist. Die Gier ist immer das Ergebnis tiefer Enttäuschung. Ob es um die Gier nach Macht, nach Essen oder etwas anderem geht, die Gier ist immer das Ergebnis einer inneren Leere. Deshalb kann man zum Beispiel bei Menschen, die sehr ängstlich oder depressiv sind, beobachten, daß sie aus einem Gefühl der Leere zwanghaft und wie besessen zu essen anfangen.

Kunst des Zuhörens, 219

Sadismus ist im Kern die Leidenschaft, ein anderes Wesen zu kontrollieren, und zwar vollkommen zu kontrollieren, in meiner Gewalt zu haben, mit ihm tun zu können, was ich will, sozusagen sein Gott zu sein, allmächtig zu sein. Diese Situation ist realisiert in der Form, den anderen zu verletzen, körperlich zu demütigen, ohne daß er sich wehren kann. Zum Sadismus gehört immer, daß der andere hilflos und schwach sein muß.

Der Mensch leidet darunter, daß er in vieler Hinsicht ohnmächtig und seine Macht beschränkt ist. Was ist daher anziehender, verlockender, als Gott zu sein, die absolute Macht zu haben, als die Grenzen der menschlichen Existenz zu überschreiten, indem man aus der Begrenztheit und Ohnmacht – und sei es nur für eine Minute – die absolute und unbegrenzte Macht erleben kann? Je unfreier, je machtloser, je ohnmächtiger, je unbefriedigter der Mensch ist, desto größer ist der Anreiz zur sadistischen Kompensation.

Bei der großen Masse der Menschen ist der Machtbereich freilich außerordentlich beschränkt. Er richtet sich dann auf die Kinder, die Frau oder den Hund. Sadistische Menschen drücken das tief im Menschen angelegte Bedürfnis nach Überwindung der Ohnmacht dadurch aus, daß sie diesen hilflosen Objekten gegenüber die Rolle von Gott einnehmen, sie zu ihren Objekten, zu ihrem Eigentum machen und es genießen, daß sie mit ihnen verfahren können, wie sie wollen, und die anderen sich nicht dagegen wehren können. Um die anderen hilf- und wehrlos zu machen, werden sie verängstigt und eingeschüchtert, jedes Rechtsschutzes beraubt, so daß sie tatsächlich machtlos sind. Gerade diese Machtlosigkeit gibt dem Sadisten das Glücksgefühl der Allmacht. *Interview Reif 1975*

Macht hat zwei Bedeutungen. Es gibt die Macht über etwas: die Macht über die Natur und über andere Menschen. Es gibt aber auch die Macht zu etwas: die Macht, oder die Kraft zu denken, zu lieben, tief zu fühlen, zu erschaffen. Die Macht-zu erwächst aus dem Erleben des Selbst, der Identität und der Unabhängigkeit, bei dem ich mich als Subjekt meiner eigenen, authentischen Erfahrung, meines Fühlens, Denkens, Handelns erlebe.

Im Gegensatz dazu wird Macht-über als die Fähigkeit erfahren, die ich als Teil oder als verlängerter Arm einer Maschine habe. Ich bin dann das Ausführungsorgan bestimmter Handlungen, für die nur Intelligenz und Energie, aber keine »Seelentätigkeit« erforderlich ist. Am Lenkrad seines starken Sportautos fühlt sich der Fahrer mächtig, auch wenn er sich auf andere hin oder zu sich selbst gänzlich ohnmächtig fühlen mag. Nur allzu oft verwechselt er die Macht der Maschine mit seiner eigenen Macht. *Ethik und Politik, 23*

Wir möchten unsere Kreatürlichkeit, unsere Geschaffensein transzendieren und wir können dies auf zwei verschiedene Weisen tun: Zum einen können wir Leben erschaffen. Frauen können dies von Natur aus; da die Männer von Natur aus kein Leben erschaffen können, tun sie es mit Hilfe von Ideen oder auf alle möglichen anderen Weisen. Wir können also das Leben auf schöpferische Weise transzendieren. Leben zu erschaffen ist aber aus verschiedenen Gründen schwierig. Deshalb versuchen wir andererseits das Leben auch dadurch zu transzendieren, daß wir zerstörerisch sind, wenn wir es nicht auf schöpferische Weise transzendieren können. Das Leben zu zerstören, ist ebenso wie das Schaffen neuen Lebens eine Art, es zu transzendieren.

Die Destruktivität ist sozusagen eine zweite Möglichkeit des Menschen. Gelingt es uns nicht, auf kreative Weise mit dem Leben fertig zu werden und es zu transzendieren, dann versuchen wir es auf zerstörerische Weise zu transzendieren. Im Akt der Zerstörung machen wir uns stärker als das Leben.

Seele und Gesellschaft, 102f

In einer industriellen, bürokratischen Gesellschaft verwandeln wir uns in Dinge, die andere Menschen wie Dinge behandeln; wir lieben das Leben nicht mehr und machen technische Apparate und das Organisieren zu Götzen. Vielleicht liegt die größte Gefahr nicht so sehr in der Grausamkeit, sondern in der Gleichgültigkeit dem Leben gegenüber, die eine Folge unserer Vergötzung des rein Mechanischen, des Organisierens und des Leblosen ist. *Ethik und Politik, 208*

Die Routine birgt eine große Gefahr für den Menschen in sich. Die Notwendigkeit der Routine gründet in dem einen Aspekt von uns, dem animalischen, essen und trinken zu müssen. Eben diese Routine hat die Tendenz, auch für unsere spirituelle Seite vorherrschend zu werden, sie zu lähmen und schließlich zu töten. Diese spirituelle Seite aber ist das allerwichtigste in unserem Leben; bei ihr geht es um die Seele, um die Erfahrung von Liebe, von Denken, von Schönheit. Im Leben jedes einzelnen Menschen wie in jeder Kultur gibt es sozusagen einen Kampf und Konflikt zwischen jenem Teil des Lebens und jenem

Teil einer Kultur, der Routine ist, und jenem Teil, der die tiefen menschlichen Erfahrungen berührt.

Pathologie der Normalität, 40

Es gibt Menschen mit der Tendenz, in Krankheiten, Unfälle, demütigende Situationen zu verfallen, sich selbst klein und schwach zu machen. Sie glauben, gegen ihren Willen und ihre Absicht in solche Situationen zu geraten, doch das Studium ihrer unbewußten Motive zeigt, daß sie in Wirklichkeit einer der irrationalsten Tendenzen, die beim Menschen gefunden werden können, unterliegen, nämlich dem unbewußten Wunsche, schwach und machtlos zu sein. Sie streben danach, das Zentrum ihres Lebens auf Mächte zu verschieben, über die sie keine Gewalt zu haben glauben, und weichen damit der Furcht und der persönlichen Verantwortung aus.

Psychoanalyse und Religion, 257f

Das masochistische Opfer sieht die Erfüllung des Lebens in dessen Negierung, in der Auslöschung des Selbst. Diese Art des Opfers ist nur höchster Ausdruck ... der Vernichtung des individuellen Selbst und seine völlige Unterordnung unter eine höhere Macht. Es ist die Perversion des echten Opfers, genauso wie der Selbstmord die äußerste Perversion des Lebens ist. Das echte Opfer setzt den kompromißlosen Wunsch nach geistiger Integrität voraus. Wenn Menschen, die ihre Integrität verloren haben, ihr Leben opfern, dann versteckt sich darunter nur ihr moralischer Bankrott. *Furcht vor der Freiheit, 374*

Im ganzen besteht kein großer Unterschied zwischen der Wirkung einer »selbstlosen« und der Wirkung einer selbstsüchtigen Mutter; tatsächlich ist die Selbstlosigkeit oft weit schlimmer, weil sie verhindert, daß die Kinder an ihrer Mutter Kritik üben. Sie stehen unter der Verpflichtung, die Mutter nicht zu enttäuschen; unter einer tugendhaften Maske wird ihnen Abneigung gegen das Leben beigebracht.

Wer die Wirkung einer von echter Selbstliebe erfüllten Mutter beobachten kann, wird feststellen, daß es für ein Kind keine günstigeren Bedingungen gibt, um zu erfahren, was Liebe, Freude und Glück ist, als wenn es von einer Mutter geliebt wird, die sich selbst liebt. *Psychoanalyse und Ethik, 86*

Es läßt sich beobachten, daß es vor allem zwei Auffassungen von Liebe gibt. Entweder wird Liebe mit Sexualität identifiziert, und es geht darum (wie die vielen einschlägigen Bücher zeigen), sexuelle Techniken kennen zu lernen, mit denen sich die Liebe in der Ehe steigern läßt; oder Liebe wird zu einer ziemlich sexlosen, unerotischen Angelegenheit, bei der zwei Menschen gut miteinander auskommen; trifft es sich, daß es sich bei diesen Zweien um einen Mann und eine Frau handelt, dann heiratet man und nennt dies Liebe. Es ist höchstens eine nette Kameradschaft, doch fehlt ihr der zündende Spannungsbogen und jede Art von brennendem Verlangen, das in früheren Zeiten mit der Vorstellung von Liebe verbunden war. *Pathologie der Normalität, 86f*

Die meisten Menschen sehen das Problem der Liebe in erster Linie als das Problem, selbst geliebt zu werden, statt zu lieben und lieben zu können. Daher geht es für sie nur darum, wie man es erreicht, geliebt zu werden, wie man liebenswert wird.

Kunst des Liebens, 440

Es ist ein Charakteristikum der männlichen Vorherrschaft, wenn ein Mann seine Stärke dadurch fühlt, daß er viele Frauen »haben« muß. Eine Frau zu haben, heißt, sie unterworfen zu haben. Ein großer Teil dessen, was als sexuelles Bedürfnis bewußt erlebt wird, ist nichts anderes als der Machthunger des Mannes.

Eigentlich fürchtet sich der Mann vor der Frau und muß sie immer wieder haben, um seine Furcht zu verlieren. In dem Maße aber, in dem die Frauen anfangen, sich nicht mehr vor den Männern zu fürchten, fangen die Männer an, unsicher zu werden. Es läßt sich proportional zur größeren Selbständigkeit der Frau eine steigende Impotenz bei Männern beobachten. Unterwirft sich die Frau nicht mehr, dann weiß der Mann nicht mehr, woran er ist; er verliert seine Sicherheit, die gerade darauf beruht, daß er ein mächtiges Instrument hat, womit er eine Frau angreifen und unterwerfen kann.

Ich glaube übrigens deshalb auch, daß die Formel, sexuelle Promiskuität schaffe das Haben ab, reiner Schwindel ist. Sie ersetzt zunächst einmal nur das Haben von einer Frau durch das Haben von vielen Frauen.

Interview Reif 1977

Heilswege der Leidenschaft

Die Vernunft ist das wichtigste, was der Mensch als Mensch besitzt. Ich betone Vernunft und meine nicht den Verstand. Die Vernunft erkennt Hintergründe und Zusammenhänge, wie sie sind und warum sie so sind: Die manipulative Intelligenz, der Verstand, kümmert sich nur darum, wie man die Dinge besser für sich benutzen kann. Der manipulierende Verstand ist auch den Primaten, im Grunde genommen jedem Tier eigen.

Die Vernunft ist spezifisch menschlich und nur insofern wirksam, als der Mensch sich von irrationalen Leidenschaften und Begierden freigemacht hat. Wir der Mensch von Gier bestimmt, kann seine Vernunft nicht wirken. Sein manipulierender Verstand jedoch wird durch die Gier angeregt und verstärkt. Der gierige Mensch ist schlau, der vernünftige Mensch ist klug; der abhängige Mensch verdummt, der freie Mensch wird weiser.

Letztlich geht der Unterschied zwischen Vernunft und manipulierendem Verstand auf ein moralisches Problem zurück. Je mehr der Mensch haben will, das heißt je mehr er sich von Objekten abhängig macht und an sich verhaftet wird, desto mehr wird er ein Gefangener der Objekte. Dummheit ist keine Folge mangelnder angeborener Intelligenz, sondern mangelnder Freiheit. Vernunft entwickelt sich nur in der Freiheit, und zwar nicht nur in der Freiheit von äußeren Zwängen, sondern auch in der von inneren Zwängen des Verhaftetseins in all seinen Erscheinungsformen. Der Verstand macht uns nur zum schlauesten Tier. (Im biblischen Mythos wird dies durch die Schlange symbolisiert, die »schlauer« war als alle anderen Tiere.) Der manipulierende Verstand kann nützlich sein, er kann zur Verbesserung des Lebens führen, aber er kann auch der Weg zur Hölle sein. Die erkennende Vernunft ist ein Kind der Freiheit. Wo sie sich entfaltet, wächst die Freiheit. *Interview Reif 1977*

Die Bejahung des eigenen Lebens, des Glükkes, des Wachstums und der Freiheit wurzelt in meiner eigenen Liebesfähigkeit: in meiner Fürsorge, meiner Achtung, meinem Verantwortungsgefühl und meiner Erkenntnis. Ein Mensch, der produktiv lieben kann, liebt auch sich selbst. Kann er nur andere lieben, so kann er überhaupt nicht lieben.

Psychoanalyse und Ethik, 85

Liebe ist eine Aktivität und kein passiver Affekt. Sie ist etwas, das man in sich selbst entwickelt, nicht etwas, dem man verfällt. Ganz allgemein kann man den aktiven Charakter der Liebe so beschreiben, daß man sagt, sie ist in erster Linie ein Geben und nicht ein Empfangen. *Kunst des Liebens, 453*

Um die Liebe erleben zu können, muß man das Voneinandergetrenntsein erleben.

Seele des Menschen, 219

Es ist eine Aufgabe des Lebens, das Alleinsein und das Mit-den-anderen-Sein zu verbinden und weder in der Masse unterzugehen noch sich in einer narzißtischen oder egoistischen Weise von den anderen fernzuhalten.

Interview Jaenecke 1980

Die große Liebe wird zum Götzendienst, wenn jemand glaubt, daß der Besitz eines anderen Menschen ihm Antwort auf sein Leben gibt, ihm Gewißheit schenkt, zu seinem Gott wird.

Die Liebe zu einer Idee oder zu einem Menschen, die frei von Götzendienst ist, ist still, nicht schrill; sie ist ruhig, tief; sie wird jeden Augenblick geboren, aber sie ist kein Rausch. Sie ist keine Trunkenheit, sie führt nicht zu Selbstvergessenheit, sondern erwächst aus der Überwindung des Ego. *Vom Haben zum Sein, 5*

Liebe ist die Erfahrung des Teilens, der Gemeinschaft, die die volle Entfaltung des eigenen inneren Tätigseins erlaubt.

Wege aus einer kranken Gesellschaft, 27

VII

Sinnerfüllte Wege

Religiös leben

Mit Religiös-Leben meine ich dasselbe, was die Propheten und was Jesus damit gemeint haben: Gerechtigkeit tun, die Wahrheit sagen, den Mitmenschen lieben.

Interview Ferrari 1980

Gelebte Religiosität

Man muß zwischen Religion und Religiosität unterscheiden. Religion ist eine Institution, ein bestimmter Glaube, bestimmte Vorstellungen, die kulturell und zeitlich bedingt sind. Religiosität dagegen ist eine Haltung, in der Werte wie Liebe, Gerechtigkeit, Brüderlichkeit das Leben des Menschen bestimmen. *Interview Jaenecke 1979*

Mit Religiös-Leben meine ich dasselbe, was die Propheten und was Jesus damit gemeint haben: Gerechtigkeit tun, die Wahrheit sagen, den Mitmenschen lieben. Das ist alles. Die Religion, das ist gewöhnlich etwas, was sich die Menschen als Institution hier auf die Seite stellen, um am Sonntag oder auch manchmal zu gewissen Zeiten des Tages auf sie zurückzukommen und dann religiös zu sein. Doch entweder man lebt religiös, oder man lebt nicht religiös. Man hat keine Religion, wie man einen Besitz hat, wie man einen Staat hat. Hierin unterscheidet sich das Religiöse eben vom Säkularen. *Interview Ferrari 1980*

Der Mensch von heute hat eine verlogene Beziehung zur Religion: Er glaubt, ein Christ zu sein, ein Jude zu sein, oder was immer seine Religion ist; in Wirklichkeit aber ist er ein Heide, weil er Götzen anbetet: das Geld, den Profit, die eigene Größenvorstellung, die eigene Person, den Narzißmus. Das ist Götzenanbetung, aber die nennt er häufig Religion, weil sich das so eingebürgert hat und weil er dann vor sich und anderen als ein sehr feiner Mensch dasteht. *Interview Ferrari 1980*

Ist die religiöse Erfahrung notwendigerweise an eine theistische Auffassung gebunden? Ich glaube nicht. Man kann eine »religiöse« Erfahrung als eine menschliche Erfahrung beschreiben, die gewissen typisch theistischen, wie auch nicht-theistischen, atheistischen oder selbst anti-theistischen Vorstellungen gemeinsam zugrundeliegt. Der Unterschied liegt in der Art, wie diese Erfahrung begrifflich erfaßt wird, nicht im Erfahrungssubstrat, welches den unterschiedlichen begrifflichen Formulierungen zugrunde liegt. Diese Art der Erfahrung kommt am klarsten in der christlichen, islamischen und jüdischen Mystik sowie im Zen-Buddhismus zum Ausdruck. Wenn man daher die Erfahrung und nicht seine begriffliche Fassung analysiert, so kann man von einer theistischen ebenso wie von einer nichttheistischen religiösen Erfahrung sprechen. *Ihr werdet sein wie Gott, 117*

Der Mensch kann nicht ohne Glauben leben. Die entscheidende Frage unserer eigenen und der kommenden Generationen ist, ob dieser Glaube ein irrationaler Glaube an Führer, Maschinen oder Erfolg sein wird oder der auf dem Erlebnis unseres eigenen produktiven Tätigseins beruhende rationale Glaube an den Menschen. *Psychoanalyse und Ethik, 132*

Es gibt heute viele Menschen, die auf östliche Lehren geradezu hereinfallen. Oft, wenn auch nicht ausschließlich, geht es nur um die Kommerzialisierung der religiösen Bedürfnisse. Ich bin selbst am Buddhismus und Zen-Buddhismus und an Taoismus sehr ernsthaft interessiert und nicht nur interessiert. Aber was heute vor sich geht, zeugt von keinem ernsthaften Interesse. Vielmehr werden mit den Methoden der modernen Geschäftswelt, mit den Methoden der Reklame, der Publizität, den Menschen religiöse Gefühle und Sehnsüchte verkauft, und es geht nur ums Verkaufen dabei. Die Menschen sind von echten religiösen Erfahrungen so weit entfernt, daß sie den Schein für die Realität nehmen und auf Dinge hereinfallen, die sie in Wirklichkeit gar nicht aktivieren und verändern. *Interview Lodemann 1977*

Ich halte die Übernahme der Meditation, auch der fernöstlichen, für möglich, ja sogar für wünschenswert. Aber ich sehe auch die große Gefahr, daß daraus ein neuer Schwindel wird. Man kauft sich eine Stunde Heilsmeditation und denkt, wenn man dies nun gemacht hat, ist alles wieder gut. Die Menschen sehen nicht – und das ist eigentlich eine alte religiöse Lehre –, daß es einer großen Anstrengung bedarf, um sich zu ändern, um glücklich zu sein. *Interview Jaenecke 1980*

Solange die reale Welt, die gesellschaftliche Welt, so weit von der Verwirklichung der

Prinzipien der Propheten oder der Evangelien entfernt ist, braucht man eine Religion als Extra-Institution, die sozusagen die Ideen wachhält, die aber in Wirklichkeit doch auch wiederum die Spaltung schafft zwischen dem realen sozialen Leben und der religiösen Ideologie und dem religiösen Gefühl.

Interview Lodemann 1977

Es kommt auf die Verwirklichung der Religiosität im realen Leben an. Hierzu muß die Gesellschaft so aufgebaut sein, daß die Prinzipien der Gerechtigkeit, der Liebe, der Wahrheit, der menschlichen inneren Produktivität und Lebendigkeit – des Seins und nicht des Habens –, daß diese Prinzipien in der Gesellschaft selbst im täglichen Leben durchgesetzt werden. Dann allerdings braucht man keine Religion mehr als Extra-Institution. Die Religiosität, die Normen, die Erlebnisse, die Daseinsart hat sich dann nämlich in der Praxis der Gesellschaft durchgesetzt. Die Gesetze sind dann menschliche, humane; die Lebensweise ist eine menschliche, humane. Dann versucht man das Prinzip des Seins jenes Prinzip, das dem Buddhismus wie dem prophetischen Judentum wie der Bergpredigt gemeinsam ist – in der Gesellschaft, in ihren Gesetzen, im Brauchtum, in ihren Werten zu verwirklichen. *Interview Lodemann 1977*

Der Mensch kann nicht aufhören zu träumen, er sehnt sich nach einer Welt, die in der Liebe, Freiheit, Gerechtigkeit verwurzelt ist; und da diese nicht existiert, baut er sich neben der Gesellschaft eine separate Institution auf: die Religion. In ihr findet er Trost, Ermutigung, Hoffnung, allerdings auch viele Illusionen, die notwendig sind, weil die Religion mit der irreligiösen Gesellschaft ihren Frieden geschlossen hat. Gott und Mammon: jedem das seine. Dieser Kompromiß und die von ihm erzeugten Illusionen können zwar für lange Zeit wirksam sein, aber immer wieder wacht der Mensch auf, bemerkt, daß er nur träumt, und verlangt das wirkliche Heil. Dieses Verlangen kann aber nur durch eine veränderte Wirklichkeit befriedigt werden, durch eine Gesellschaft, die in ihrer ganzen Struktur die Prinzipien der Liebe und menschlichen Autonomie verwirklicht. In einer solchen Gesellschaft bedarf es keiner separaten Religion mehr, da die Gesellschaft die religiösen Prinzipien in sich aufgenommen hat und sie damit als separate religiöse Prinzipien »aufgehoben« hat.

Religion und Gesellschaft, 359f

Wenn ich mich aber ganz selbst erlebe, dann erkenne ich, daß ich auch nicht anders bin als jeder andere Mensch, daß ich das Kind, der Sünder, der Heilige, der Hoffende und der Verzweifelnde bin, der Mensch, der sich freuen, und der Mensch, der traurig sein kann. Ich entdecke, daß nur die Denkmuster, die Sitten, die Oberfläche verschieden sind, daß aber die menschliche Substanz die gleiche ist. Ich entdecke, daß ich jedermann bin und daß ich mich selbst erfahre, wenn ich meinen Mitmenschen entdecke und umgekehrt. Bei diesem Erlebnis begreife ich, was Humanität bedeutet. Ich entdecke den Einen Menschen.

Jenseits der Illusionen, 149

Namen Gottes

Was die Menschen denken und fühlen, hat seine Wurzeln in ihrer Charakterstruktur, und dieser Charakter wird geprägt durch die gesamte Struktur ihrer Lebenspraxis – genauer gesagt, durch die sozio-ökonomische und politische Struktur ihrer Gesellschaft. In Gesellschaftsformen, wo eine Minorität die Macht in Händen und die Massen in Unterwerfung hält, wird das Individuum so von Furcht erfüllt sein, so unfähig, sich stark und unabhängig zu fühlen, daß seine religiöse Erfahrung autoritärer Natur sein wird. Ob er einen strafenden, ehrfurchtgebietenden Gott anbetet, oder einen Führer solcher Prägung, spielt dabei fast keine Rolle. Wo sich hingegen das Individuum frei und für sein eigenes Schicksal verantwortlich fühlt oder innerhalb einer Minorität für Freiheit und Unabhängigkeit kämpft, entwickelt sich eine religiöse Erfahrung humanistischer Art.

Psychoanalyse und Religion, 257

Während Gott in einer humanistischen Religion das Bild des höheren Selbst des Menschen ist, ein Symbol dessen, was der Mensch potentiell ist oder werden sollte, wird er in einer autoritären Religion zum einzigen Besitzer dessen, was ursprünglich dem Menschen gehörte: seiner Vernunft und seiner Liebe. Je vollkommener Gott wird, desto unvollkommener wird der Mensch. Er projiziert das Beste, was er hat, auf Gott und schwächt sich auf diese Weise selbst. Nunmehr ist alle Liebe, alle Weisheit, alle Gerechtigkeit bei Gott, und der Mensch ist dieser Eigenschaften beraubt, ist leer und arm. Er hatte mit einem Gefühl der Kleinheit begonnen, nun aber ist er völlig ohnmächtig und schwach.

Dieser Mechanismus der Projektion ist genau derselbe, der bei zwischenmenschlichen Beziehungen von masochistischer, unterwürfiger Eigenart beobachtet werden kann, wo eine Person die andere vergötzt und ihr die eigenen Kräfte und Strebungen zuschreibt. Es ist der gleiche Mechanismus, mit dem Völker ihre Führer oder sogar die inhumansten Systeme mit den Eigenschaften großer Weisheit und Güte ausstatten.

Psychoanalyse und Religion, 255 f

Jesus war ein armer Mann, der nichts haben wollte, der zwar zur Macht versucht wurde, sie aber abgelehnt hat. Er war ein Mann voller Liebe und hat sein Leben für die Menschen hingegeben. Ihm steht das heidnische Prinzip der alten Griechen, der alten Teutonen gegenüber, das sagt: Worauf es ankommt, ist Macht, Überlegenheit, und es ist schön, zu sterben, wenn man weiß, daß man siegt.

Fragen wir aber einmal: Wo ist denn der christliche Geist in Europa? Wen bewundern wir heute? Bewundern wir heute den Armen, den Sich-Aufopfernden, den Liebenden?

Interview Lodemann 1977

Gott ist heute ein Götze für die eigene Liebe und Weisheit. Der Mensch von heute liebt nicht und ist auch nicht weise. Da es freilich schwierig ist, so ganz ohne Liebe und Weisheit zu leben, gehen die Menschen in die Kirche und dienen Gott. Wenigstens einmal in der Woche wollen sie mit ihrer eigenen Liebe und Weisheit, die sie auf Gott projiziert haben, verbunden sein. Also gehen sie zur Kirche und benützen den Namen Gottes. Auf diese Weise können sie noch fühlen, daß sie

Liebe und Weisheit nicht ganz verloren haben. Doch sie sind ihnen entfremdet, sie gehören nicht mehr ihnen, sondern sind zu etwas geworden, das sie von Gott zurückbekommen können. Sie erleben dabei nicht ihre ureigenste Liebe und Weisheit; vielmehr kommen sie auf indirekte Weise mit dem in Berührung, was sie einmal verloren, aber noch nicht aufgegeben haben.

Seele und Gesellschaft, 123f

»Gott« ist für mich eine der vielen poetischen Ausdrucksweisen für den höchsten Wert im Humanismus und keine Realität an sich. Es läßt sich jedoch nicht vermeiden, daß ich bei der Diskussion der Ideen eines monotheistischen Systems mich oft des Wortes »Gott« bediene, und es wäre recht umständlich, wollte ich jedesmal meine eigene Wertung dieses Begriffes hinzufügen. Daher möchte ich meinen Standpunkt klarstellen. Wenn ich meine Position annähernd definieren wollte, würde ich sie als nicht-theistische Mystik bezeichnen. *Ihr werdet sein wie Gott, 94*

Die im neunzehnten Jahrhundert vorherrschende atheistische Einstellung leidet unter dem gleichen Vorurteil wie die theistische, daß sie nämlich die Gottesvorstellung und nicht die Werte, die sie symbolisiert, zum Hauptproblem macht. Der Atheismus war im wesentlichen eine Unabhängigkeitserklärung gegenüber dem Prinzip des obersten Herrschers und nicht eine Antwort auf die spirituelle Problematik des Menschen.

Ihr werdet sein wie Gott, 221

Die Gottesvorstellung ist nur »der Finger, der auf den Mond weist«. Dieser Mond steht nicht außerhalb von uns, sondern ist die menschliche Realität hinter den Worten: Was wir als religiöse Haltung bezeichnen, ist ein X, welches sich nur in poetischen und visuellen Symbolen ausdrücken läßt. Diese X-Erfahrung hat man in mannigfachen Vorstellungen ausgedrückt, die sich je nach der gesellschaftlichen Organisation der jeweiligen kulturellen Epoche voneinander unterscheiden. Im Nahen Osten fand dieses X seinen Ausdruck in der Vorstellung von einem höchsten Stammeshäuptling oder König, und so wurde »Gott« zum höchsten Begriff des Judentums, des Christentums und des Islam, die in den Gesellschaftsstrukturen dieses Kulturraums wurzelten. In Indien konnte der Buddhismus das X in anderen Formen ausdrücken, so daß hier keine Vorstellung von Gott als dem obersten Herrscher notwendig war. *Ihr werdet sein wie Gott, 220*

Ist es nicht an der Zeit, daß wir endlich aufhören, über Gott zu streiten, und daß wir uns statt dessen gemeinsam darum bemühen, die heutigen Formen des Götzendienstes zu entlarven? Heute sind es nicht Baal und Astarte, sondern die Vergötzung des Staates und der Macht in den autoritären Ländern und die Vergötzung der Maschine und des Erfolges in unserer eigenen Kultur. Es ist die alles durchdringende Entfremdung, welche die geistigen Qualitäten des Menschen bedroht.

Wege aus einer kranken Gesellschaft, 245

Befreites Leben

Der Mensch hat ein Bedürfnis nach Freiheit. Der Mensch kann zwar zu allem gebracht werden, auch dazu, daß er die Sklaverei liebt, doch immer nur unter einer Bedingung: er wird störrisch, aggressiv, dumm und ängstlich. Man kann den Menschen nicht versklaven und ihn gleichzeitig heiter, glücklich und unaggressiv machen wollen. Geht man über eine gewisse Schwelle der Unterdrückung hinaus, dann rächt sich der Mensch damit, daß er entweder rebelliert oder ganz destruktiv oder unbrauchbar wird oder daß seine Vitalität langsam abstirbt. *Interview Reif 1975*

Produktivität ist die Fähigkeit des Menschen, seine Kräfte zu gebrauchen und die in ihm liegenden Möglichkeiten zu verwirklichen. Wenn wir sagen, der Mensch muß seine Fähigkeiten gebrauchen, so heißt dies, daß er frei sein muß und von niemandem abhängen darf, der ihn und seine Kräfte beherrscht. Es bedeutet ferner, daß er von Vernunft geleitet ist, da er seine Kräfte nur dann gebrauchen kann, wenn er weiß, worin sie bestehen, wie sie gebraucht werden müssen und wofür sie dienen sollen. Produktivität bedeutet, daß der Mensch sich selbst als Verkörperung seiner Kräfte und als Handelnder erlebt; daß er sich mit seinen Kräften eins fühlt und daß sie nicht vor ihm verborgen und ihm entfremdet sind. *Psychoanalyse und Ethik, 57*

Wer das Leben liebt, fühlt sich vom Wachstumsprozeß in allen Bereichen angezogen. Er will lieber neu schaffen, als bewahren. Er vermag zu staunen und erlebt lieber etwas Neues, als daß er in der Bestätigung des Altgewohnten Sicherheit sucht. Das Abenteuer zu leben ist ihm mehr wert als Sicherheit. Seine Einstellung zum Leben ist funktional und nicht mechanisch. Er sieht das Ganze und nicht nur seine Teile, er sieht Strukturen und nicht Summierungen. Er möchte formen und beeinflussen mit Liebe, Vernunft und Beispiel und nicht mit Gewalt, nicht indem er die Dinge auseinandernimmt und auf bürokratische Weise die Menschen verwaltet, so als ob es sich um Dinge handelte.

Seele des Menschen, 186

Die Erweiterung der Selbst-Wahrnehmung, die Transzendierung des Bewußtseins und die Durchleuchtung der Sphäre des gesellschaftlichen Unbewußten wird dem Menschen die Möglichkeit geben, in sich die ganze Menschheit zu erleben. Er wird sich als Sünder und Heiliger, als Kind und als Erwachsener, als geistig Gesunder und als Geistesgestörter, als Mensch der Vergangenheit und als Mensch der Zukunft erleben und das Gefühl haben, daß er alles, was die Menschheit war und in Zukunft sein wird, in sich trägt.

Seele des Menschen, 223

Was zählt, ist das, was die Menschen miteinander gemeinsam haben, nicht das, was sie voneinander unterscheidet. Je mehr wir in unser eigenes Unbewußtes eindringen, desto mehr entdecken wir, daß wir uns in quantitativer Hinsicht beachtlich unterscheiden, daß wir aber hinsichtlich der Qualität unserer Strebungen gleich sind. Die gründliche Erforschung des Unbewußten stellt einen Weg dar, die Menschheit in sich selbst und in jedem anderen menschlichen Wesen zu entdecken. Diese Entdeckung geschieht nicht durch theoretisches Denken, sondern durch affektives Erleben. *Vom Haben zum Sein, 110f*

Es hat keinen Sinn, auf etwas zu hoffen, was bereits existiert oder was nicht sein kann. Wer nur eine schwache Hoffnung hat, entscheidet sich für das Bequeme oder für die Gewalt. Wer eine starke Hoffnung hat, erkennt und liebt alle Zeichen neuen Lebens und ist jeden Augenblick bereit, dem, was bereit ist, geboren zu werden, ans Licht zu helfen.

Revolution der Hoffnung, 267

Hoffnung ist paradox. Sie ist weder ein untätiges Warten noch ein unrealistisches Herbeizwingenwollen von Umständen, die nicht eintreffen können. Sie gleicht einem kauernden Tiger, der erst losspringt, wenn der Augenblick zum Springen gekommen ist. Weder ein müder Reformismus noch ein pseudo-radikales Abenteurertum ist ein Ausdruck von Hoffnung. Hoffen heißt, jeden Augenblick bereit zu sein für das, was noch nicht geboren ist, und trotzdem nicht verzweifeln, wenn es zu unseren Lebzeiten nicht zur Geburt kommt. *Revolution der Hoffnung, 267*

Ich glaube, daß es so etwas wie ein messianisches Paradoxon gibt, das sich durch Geduld und Ungeduld zugleich auszeichnet; man weiß, daß man das Ende nicht herbeizwingen kann, aber man sitzt auch nicht desinteressiert herum und wartet, bis die Gesetze der Geschichte dieses Ende herbeiführen.

Es gibt eine alte jüdische Erzählung von einem Rabbi, der den Messias fragte, wann er denn käme. Der Messias sagte: »Morgen.« Der Rabbi kehrte zurück und wartete auf ihn. Als der Messias aber nicht kam, wurde der Rabbi furchtbar wütend auf den Messias, weil er ihn angelogen habe, und ging mit seinem Ärger zum Propheten Elias. Dieser sagte dem Rabbi: »Du irrst dich, der Messias hat nicht gelogen. Er sagte ›morgen‹, und dies stimmt auch, doch er meinte damit ›wenn du das Verlangen nach ihm hast, wenn du bereit bist, wenn du es willst‹« *Pathologie der Normalität, 99*

Quellenverzeichnis

Die Zitatnachweise beziehen sich einerseits auf die *Erich-Fromm-Gesamtausgabe* (GA) in 10 Bänden herausgegeben von Rainer Funk, Stuttgart (Deutsche Verlags-Anstalt) 1980/1981 bzw. München (Deutscher Taschenbuch Verlag) 1989, andererseits auf die *Schriften aus dem Nachlaß*, herausgegeben von Rainer Funk, Weinheim und Basel (Beltz Verlag) 1989–1992. Transkripte der Interviews liegen im *Erich Fromm-Archiv* (Ursrainer Ring 24, D-7400 Tübingen) auf. – Die nachfolgenden Copyrightangaben beziehen sich nur auf die deutschen Rechte.

Die Entdeckung des gesellschaftlichen Unbewußten. Zur Neubestimmung der Psychoanalyse (Schriften aus dem Nachlaß, Band 3), Weinheim und Basel (Beltz Verlag) 1990. Coypright bei Beltz Verlag.

Ethik und Politik. Antworten auf aktuelle politische Fragen (Schriften aus dem Nachlaß, Band 4), Weinheim und Basel (Beltz Verlag) 1990. Coypright bei Beltz Verlag.

Die Furcht vor der Freiheit (1941), GA I, S. 215–392. Copyright bei Deutsche Verlags-Anstalt.

Haben oder Sein (1976), GA II, S. 269–414. Copyright bei Deutsche Verlags-Anstalt.

Ihr werdet sein wie Gott (1966), GA VI, S. 83–226. Copyright bei Deutsche Verlags-Anstalt.

Jenseits der Illusionen. Die Bedeutung von Marx und Freud (1962), GA IX, S. 37–155. Copyright bei Deutsche Verlags-Anstalt.

Die Kunst des Liebens (1956), GA IX, S. 437–518. Copyright bei Deutsche Verlags-Anstalt.
Die Pathologie der Normalität. Zur Wissenschaft vom Menschen (Schriften aus dem Nachlaß, Band 6), Weinheim und Basel (Beltz Verlag) 1991. Coypright bei Beltz Verlag.
Psychoanalyse und Ethik. Bausteine zu einer humanistischen Charakterologie (1947), GA II, S. 1–157. Copyright bei Deutsche Verlags-Anstalt.
Psychoanalyse und Religion (1950), GA VI, S. 227–292. Copyright bei Deutsche Verlags-Anstalt.
Religion und Gesellschaft (1978), in: R. Funk, Mut zum Menschen, Stuttgart (Deutsche Verlags-Anstalt) 1978, S. 359f. Copyright bei Deutsche Verlags-Anstalt.
Die Revolution der Hoffnung. Für eine humanisierte Technik (1968), GA IV, S. 255–377. Copyright bei Klett Verlag.
Seele und Gesellschaft. Beiträge zur Sozialpsychologie und zur psychoanalytischen Praxis (Schriften aus dem Nachlaß, Band 7), Weinheim und Basel (Beltz Verlag) 1992. Coypright bei Beltz Verlag.
Die Seele des Menschen. Ihre Fähigkeit zum Guten und zum Bösen (1964), GA II, S. 159–268. Copyright bei Deutsche Verlags-Anstalt.
Sigmund Freud. Seine Persönlichkeit und seine Wirkung (1959), GA VIII, S. 153–221. Copyright bei Ullstein Verlag.
Sigmund Freuds Psychoanalyse – Größe und Grenzen (1979), GA VIII, S. 259–362. Copyright bei Deutsche Verlags-Anstalt.
Über die Liebe zum Leben. Rundfunksendungen, herausgegeben von Hans Jürgen Schultz, Stuttgart (Deut-

sche Verlags-Anstalt) 1983. Copyright bei Deutsche Verlags-Anstalt.

Vom Haben zum Sein. Wege und Irrwege der Selbsterfahrung (Schriften aus dem Nachlaß, Band 1), Weinheim und Basel (Beltz Verlag) 1989. Copyright bei Beltz Verlag.

Von der Kunst des Zuhörens. Therapeutische Aspekte der Psychoanalyse (Schriften aus dem Nachlaß, Band 5), Weinheim und Basel (Beltz Verlag) 1991. Coypright bei Beltz Verlag.

Wege aus einer kranken Gesellschaft (1955), GA IV, S. 1–254. Copyright bei Deutsche Verlags-Anstalt.

Herausgeber und Verlag danken den folgenden Verlagen für die Erlaubnis zum Abdruck der ausgewählten Texte: Beltz Verlag, Weinheim und Basel; Deutsche Verlags-Anstalt, Stuttgart; Klett Verlag, Stuttgart; Ullstein Verlag, Berlin.